# Introducción

La naturaleza es una gran fuente de bienestar e inspiración para las personas. No solo nos provee de alimento, agua, protección y materia prima, también nos regala una amplia diversidad de formas y colores que nos asombran e invitan a reflexionar sobre la importancia de cuidar nuestro planeta.

En cada rincón del mundo habitan especies únicas que tienen un papel crucial en mantener el equilibrio de los ecosistemas, pero lamentablemente, muchas están amenazadas, y su supervivencia depende de nuestras acciones.

Este libro nace con el propósito de acercar a las personas de todas las edades a conocer y maravillarse con parte de la rica biodiversidad que existe en América, al mismo tiempo en que tomen conciencia de la urgencia que existe para su conservación.

La educación ambiental y conocer la naturaleza que nos rodea son elementos claves para promover el cuidado del medio ambiente. Es por esto que los tres autores de este libro hemos unido nuestras habilidades y especialidades para poder generar un material que llegue a lectores de todos los rincones de nuestro continente. Hemos elegido un lenguaje sencillo y amigable para que cualquiera pueda disfrutar y aprender, sin importar la edad o el conocimiento previo.

Aquí encontrarán la ficha de siete animales habitantes del continente Americano, con información sobre el lugar donde viven, su ecología, sus amenazas y su estado de conservación.

De forma complementaria, les entregamos las instrucciones paso a paso que los guiarán en el plegado de la figura en papel de cada especie. Es así que, el origami, la antigua técnica japonesa de plegar papel, se transforma en una de las herramientas educativas que utilizamos para acercar a las personas a la naturaleza. Cada figura que sea plegada será una oportunidad para aprender de las diferentes especies que aquí les presentamos.

Además del origami, hemos incorporado otras actividades lúdicas (sopas de letras y crucigramas) con el objetivo de complementar el aprendizaje de manera interactiva y divertida, estimulando tanto la curiosidad como el conocimiento sobre el medio ambiente y la biodiversidad.

Acompáñenos en este viaje de papel y conciencia, donde cada pliegue es un paso hacia un mundo más respetuoso y consciente del valor incalculable de nuestras especies. Al final, la misión es clara: solo a través del conocimiento, respeto y amor por la naturaleza podremos asegurar que estos animales sigan habitando nuestro planeta por generaciones.

# Indice

# Diagramas

# Simbología Básica.

| | | |
|---|---|---|
| - - - - - - - - - | **Símbolo de valle** | |
| - · - · - · - | **Símbolo de montaña** | |
| | **Doblar en valle.** | |
| | **Doblar en montaña.** | |
| | **Marcar en valle.** | |
| | **Plegar en Acordeón.** | |

# Pliegues básicos.

## Pliegue en valle

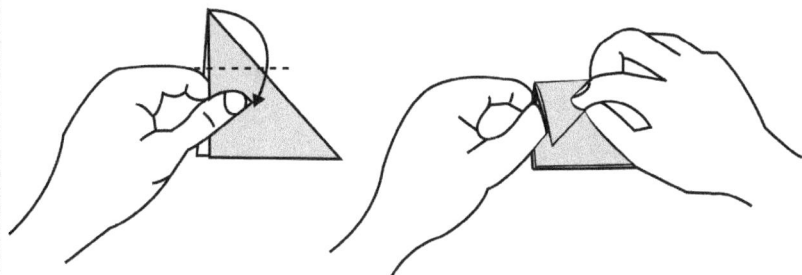

## Pliegue en montaña

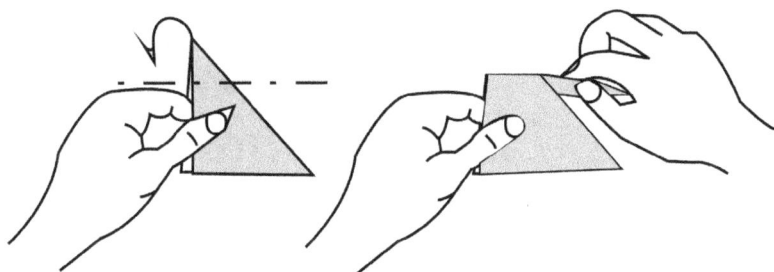

## Pliegue invertido

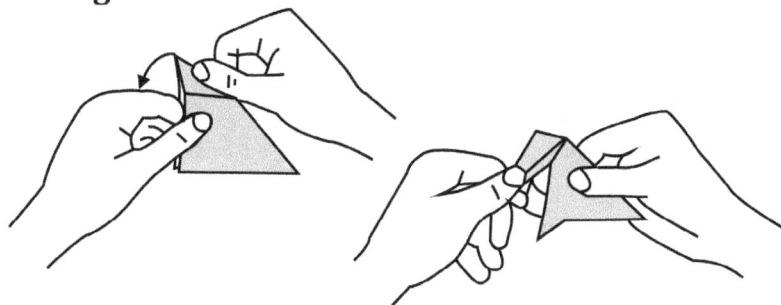

# Bases principales del Origami.

## Preliminar

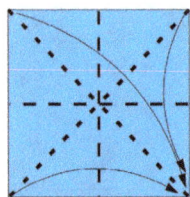

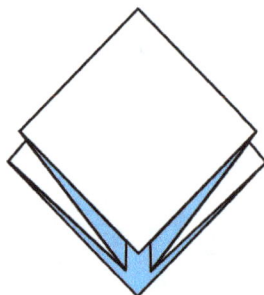

1. Unir los 4 vértices del cuadrado

2.

## Base Bomba.

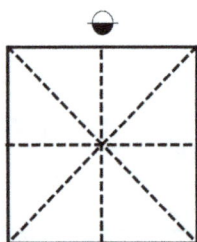

1.

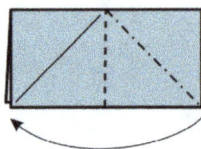

2.

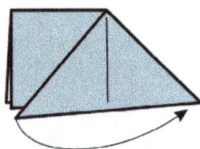

3.

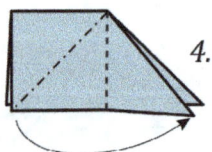

4.

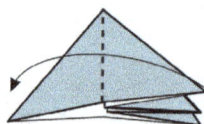

5.

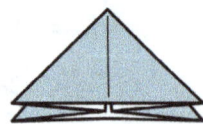

6.

## Pliegue Caperuza

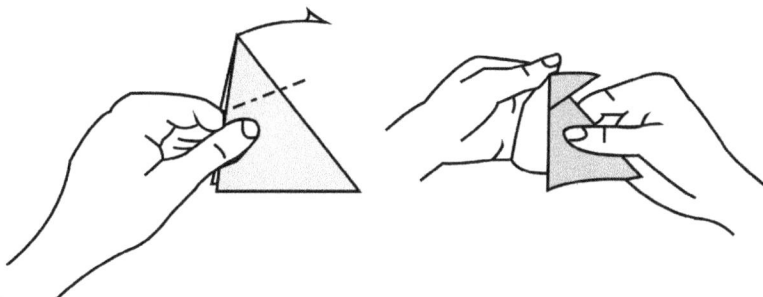

## Pliegue de Acordeón

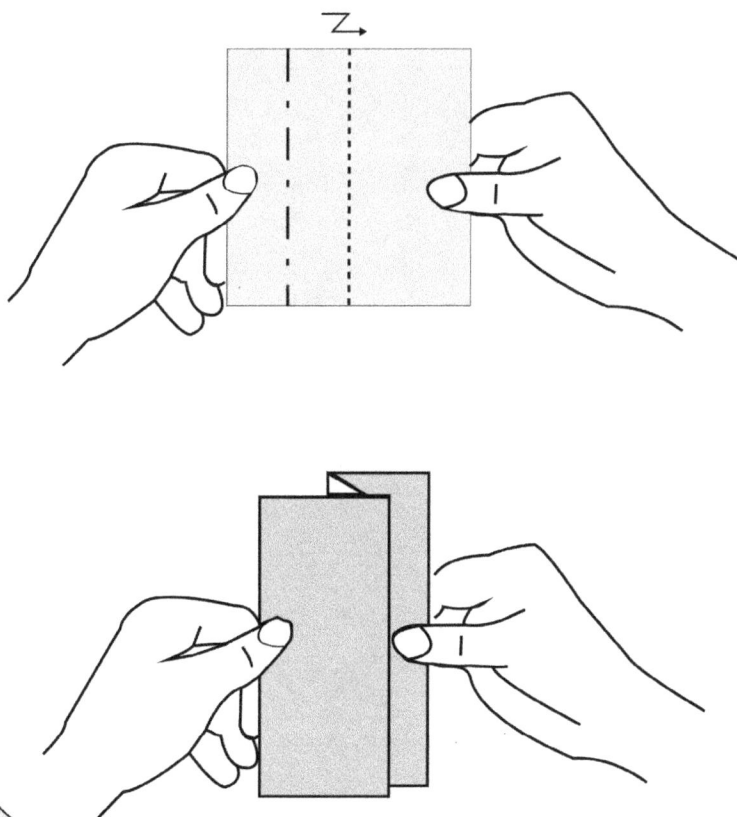

# Base de Pescado

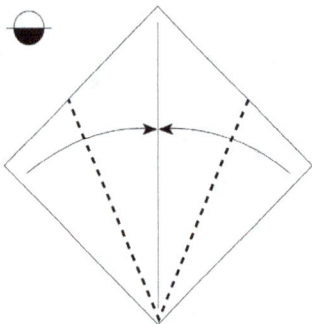

1.

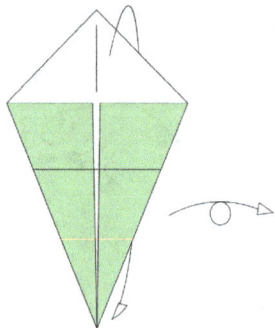

2.

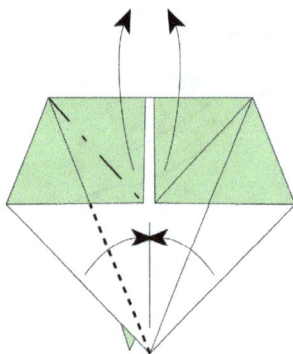

3.

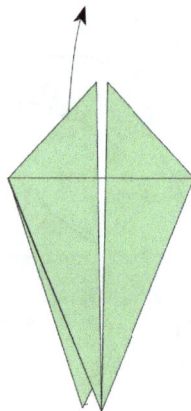

4.

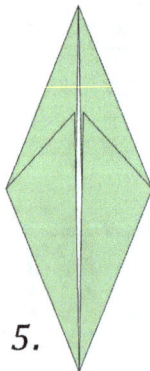

5.

CHILE

Nací en Chuquicamata (Chile) en 1988, un campamento minero que dejó de existir cerca del año 2000 debido a la contaminación y la expansión de la minera. Crecí en medio del desierto más árido del mundo, el desierto de Atacama, donde a pesar de existir un mínimo de agua, la vida igual se las arregla para crecer, y creo que esa capacidad de adaptación de los organismos fue lo que me enamoró y definió el propósito de mi vida, la conservación y estudio de la naturaleza. En este desierto fue donde descubrí el origami en una pequeña revista en 1995, donde aprendí a hacer muchas figuras de la mano de mi madre que me ayudó a comprender los diagramas más complejos para mí en ese entonces. El paso desde ese punto hasta diseñar fue casi accidental, jugando con el papel empezaron a surgir nuevas formas y luego empecé a realizar diseños específicos de animales, siempre tratando de mantener una complejidad baja, tanto por mis capacidades como origamista, como por el deseo de que cualquier persona pueda plegarlos.

Soy Biólogo Marino con un doctorado en Medicina de la Conservación y mi carrera la he dedicado al análisis de programas de conservación y al estudio de la conducta y alimentación de muchas especies como caracoles, tortugas marinas, tiburones, anfibios y zorros. Además de ser investigador soy docente y es en este ámbito que descubrí el poder pedagógico del origami como instrumento para acercar a las personas a diversas especies de las cuales podemos educar para luego conservar. Hasta ahora sólo he realizado una publicación referente al origami y es un pequeño texto en la revista 4 Esquinas sobre el uso del origami en la educación ambiental.

# El Cóndor Andino.

*Vultur gryphus*

*Nivel Básico-intermedio*
*Dimensión del papel 15x15*
*Tipo de papel: De preferencia papel bond*

*El área roja indica la distribución estimada del Condor a lo largo del cordón montañoso de Los Andes en sudamérica*

### País:

Chile, Ecuador, Perú, Colombia, Bolivia

### Ecología:

Se suelen ver volar cerca de acantilados rocosos, donde utilizan el aire caliente para ayudarlos a elevarse en el aire. Cuando hay grupos grandes, forman estructuras sociales con una jerarquía establecida a través del lenguaje corporal, el comportamiento de juego competitivo y las vocalizaciones.

### Nombre común:

El Cóndor Andino.

### Nombre científico:

*Vultur gryphus*

### Categoría de Conservación Lista Roja de la UICN

*VU - Vulnerable*

## Característica distintiva

El cóndor es considerado el ave rapaz más grande del mundo. Tiene una envergadura máxima de 3,3 m y un peso de 15 kg. Su plumaje es negro con una linea blanca en el extremo de sus alas, y un collar de plumas blancas en la base del cuello. Su cabeza y su cuello son rojizo casi sin plumas. Los machos adultos tienen una cresta rojiza en su cabeza.

## Distribución

El condor se encuentra a lo largo de los Andes en Colombia, Ecuador, Perú, Bolivia, al sur de Argentina y Chile. En ocaciones algunos ejemplares pueden desplazarse a territorios de Venezuela, Paraguay y Brasil.

## Amenazas:

A pesar de que es una especie que puede ser observada en muchas zonas de su distribución, sus poblaciones son muy pequeñas. Sus mayores amenazas son la muerte causada por los humanos de forma directa o indirectamente. Además, al ser una especie carroñera, el envenenamiento es otra gran amenaza, lo cual ha ocurrido de forma masiva en Argentina, Colombia y Perú, y se sospecha que también en Ecuador y Bolivia.

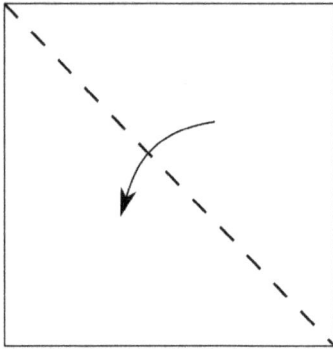

**1**

Plegar en valle.

**2**

Bajar la capa por donde se indica

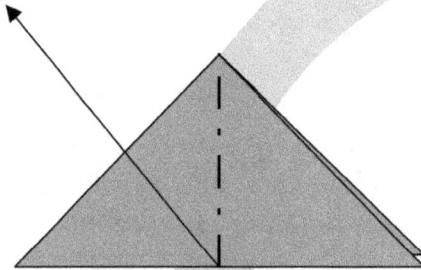

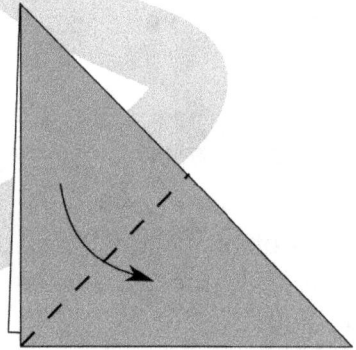

**3**

Abrir la capa hacia arriba

**4**

Damos la vuelta a la figura

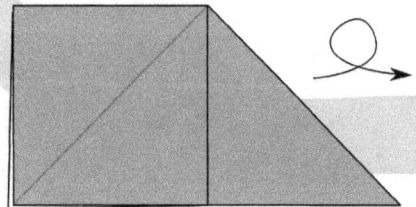

**5** Subir la punta para formar la base preliminar

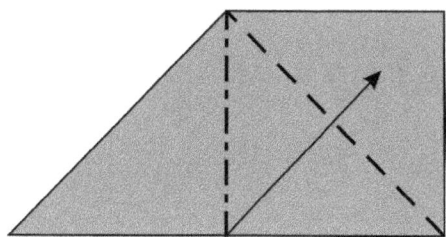

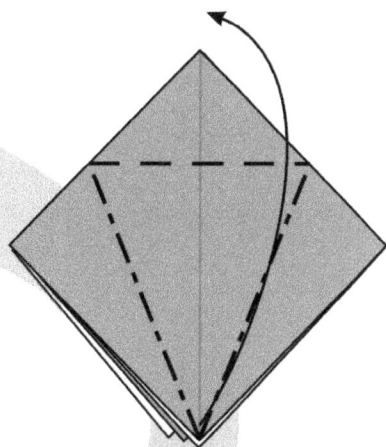

**6** Plegar para formar la base de pájaro

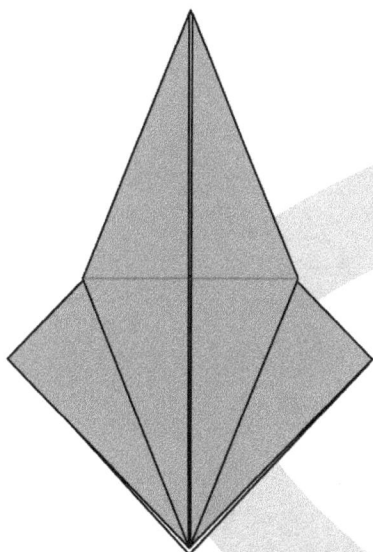

**7** Da la vuelta a la figura

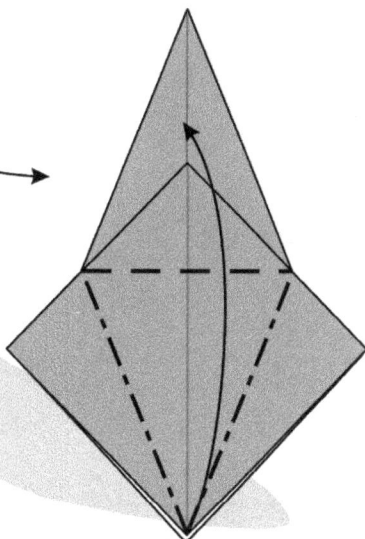

**8** Plegar por donde se indica para formar la base de pájaro

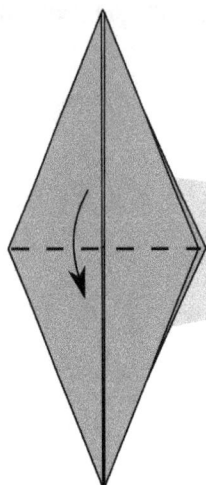

**9** Bajar la punta

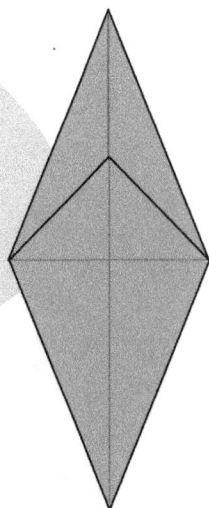

**10** Base de pájaro culminada

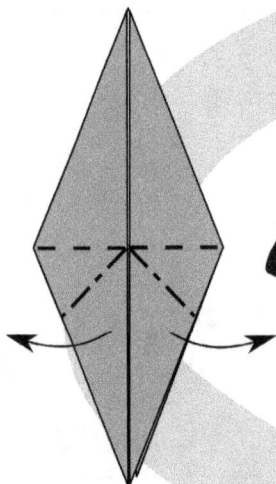

**11** Efectuar un techo de casa, abrir y aplastar

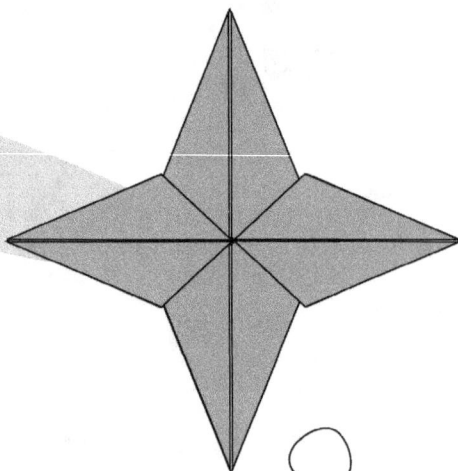

**12** Dar la vuelta a la figura

16

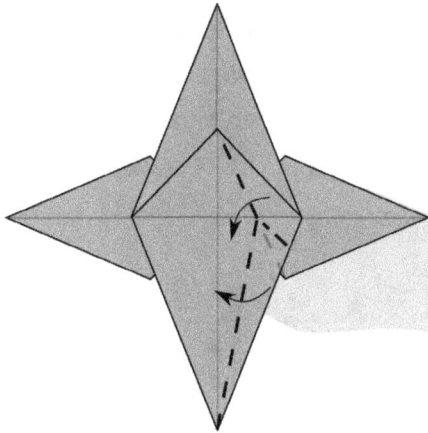

**13** Efectuar una oreja de conejo, considere las capas de papel que se involucran en el pliegue.

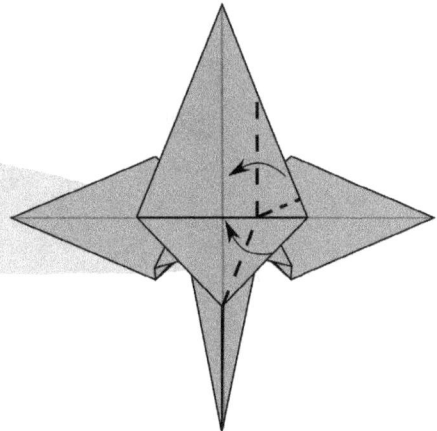

**14** Repetir el paso 13

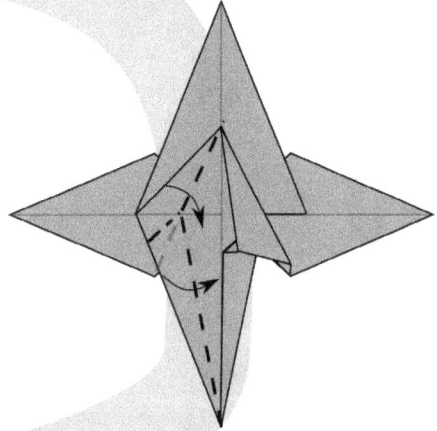

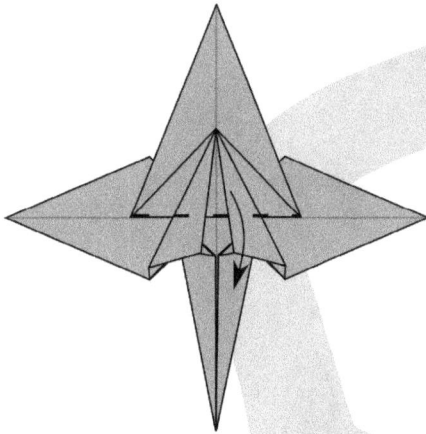

**15** Bajar la punta.

**16** Efectuar una oreja de conejo, considere las capas de papel que se involucran en el pliegue.

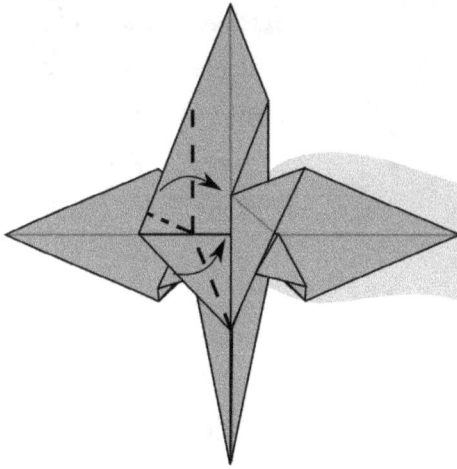

**17** Efectuar una oreja de conejo, considere las capas de papel que se involucran en el pliegue.

**18** Subir la punta

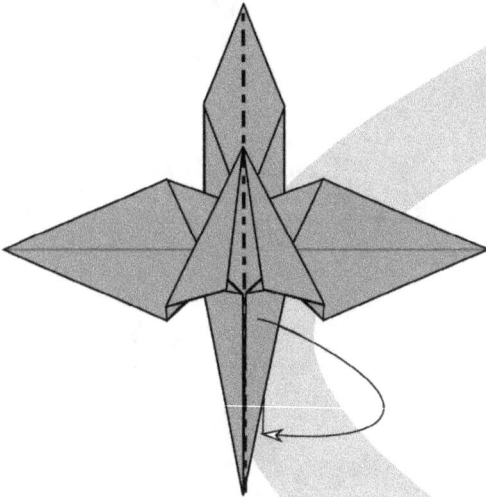

**19** Cerrar la figura

**20** Efectuar un acordeón

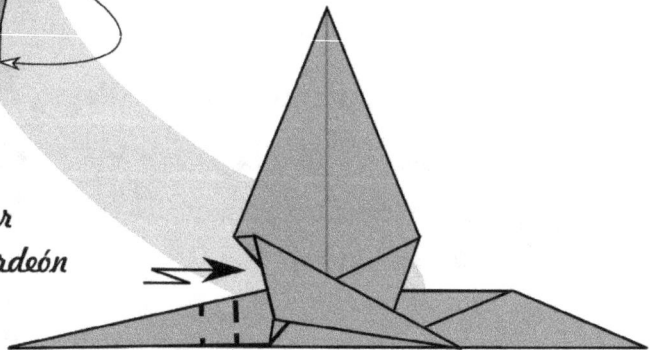

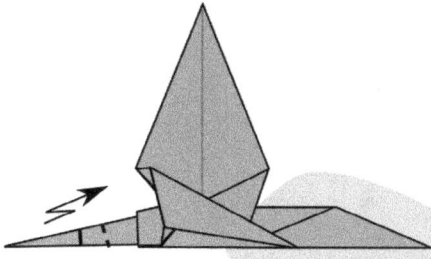

**21** *Le damos forma a la cabeza*

**22** *Doblar para dar forma al pico*

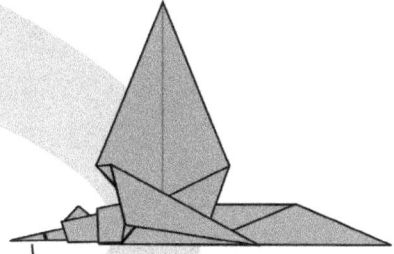

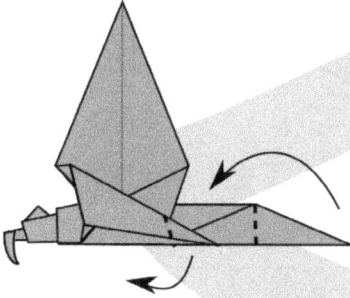

**23** *En la cola plegar hacia adentro por la linea y en la pata, doblar hacia afuera para dar forma.*

**24** *Abrir para dar forma a la cola*

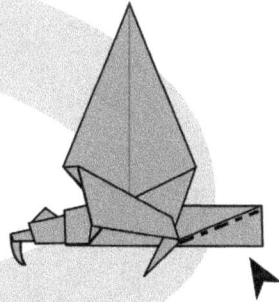

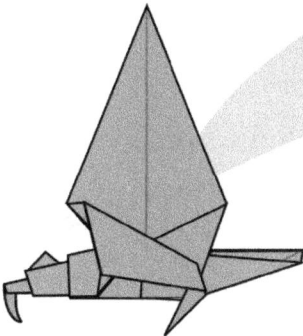

**25** *Figura finalizada*

# Condor Andino

```
V N M E A C R E S T A R O J A I
U S D R L S T V E M O L A O R T
L D I E E P A K B N E D T T S A
N I W D E O T S U C R N A D O E
E R N T R P F C L Y E I E M O T
R A A C A V R E T I O K C N S R
A M S P U G T R M E M A O U U A
B T Y E A R M A C C L T H O E I
L V H F N Z N A E A O P T W N R
E B E R C E S H G R Y T A I Y E
H P O R N C E D Z R N K A R S C
T O G E P N S U G O T K O N F A
P G V B T R C R I N C E H S O L
T N F R E L U V T E O G O F I I
E C A E D T W I C R N T O R S E
D E V Y L A L S U O D E P N R N
A V S U O M R P E H O D I L F T
E R V P N A M O V D R H E B R E
T A Q H M U R E L I T N C R O E
```

Encuentra las siguientes palabras :

Andes — Cresta Roja — Condor
Aire Caliente — *Vultur gryphus* — Envenenamiento
Carroñero — Vulnerable — Rapaz

20

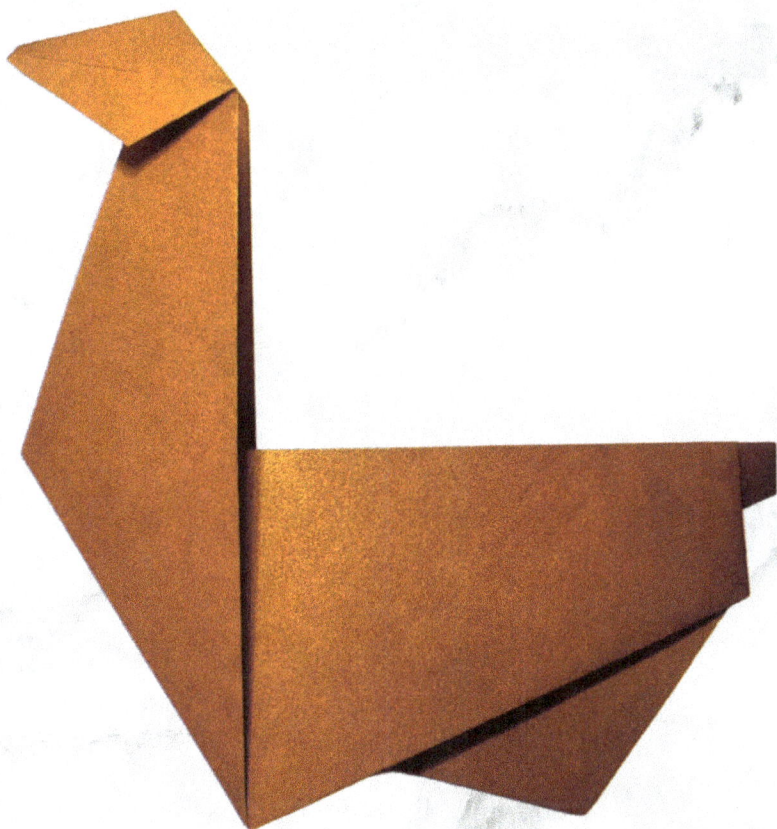

# Guanaco

*Lama guanicoe*

*Nivel Básico.*
*Dimensión del papel 15x15*
*Tipo de papel: De preferencia papel bond*

*El área naranja muestra la distribución estimada del guanaco*

**País:**

Chile, Ecuador, Perú, Colombia, Bolivia

**Ecología:**

Viven en grupos pequeños llamados rebaños, los que se componen de un macho y varias hembras y sus crias. Son diurnos y territoriales. Cuando el macho detecta una amenaza avisa al grupo a través de un sonido llamado balido. Son herbívoros, se alimenta de hierbas, musgo y tubérculos. Son conocidos por escupir tanto saliva como hierbas que puedan estar masticando.

**Nombre común:**

Guanaco

**Nombre científico:**

*Lama guanicoe*

**Categoría de Conservación Lista Roja de la UICN**

*LC - Preocupación Menor*

## Característica distintiva

El guanaco es el animal de mayor tamaño en Chile y la Patagonia. Un adulto mide entre 1.8 a 1.9 m y pesa en promedio 100 kg, pero puede llegar a pesar 140kg. Su cuerpo está cubierto de un pelaje denso y suave, de color café rojizo en cuello y espalda, negro en la cabeza y de un color más blanquecino en la región ventral y las patas.

## Distribución

Habita solo en América del Sur. Sus poblaciones principales se encuentran en el oeste de la Argentina y de Bolivia, y gran parte de Chile. Poblaciones menores se encuentran en el oeste de Paraguay y Perú.

## Amenazas:

En el pasado, la principal amenaza para el guanaco era la cacería, pero esta amenaza ha sido regulada y actualmente solo representa un riesgo en las poblaciones más pequeñas y aisladas. Actualmente las mayores amenazas son la degradación del hábitat debido al pastoreo excesivo, la competencia con herbívoros introducidos (por ejemplo vacas y cabras) y la degradación del hábitat debido a las industrias extractivas (ejemplo minería)

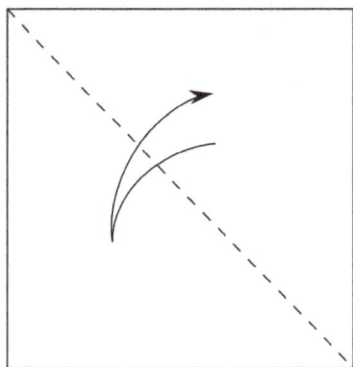

**1** Doblar y desdoblar para marcar en Valle

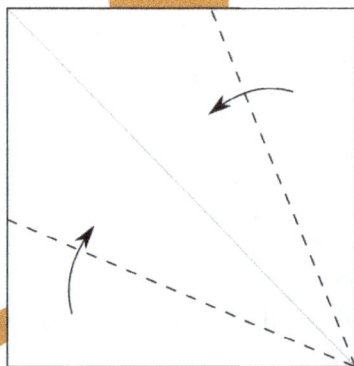

**2** Doblar en valle para llevar los borces hacia la linea del medio

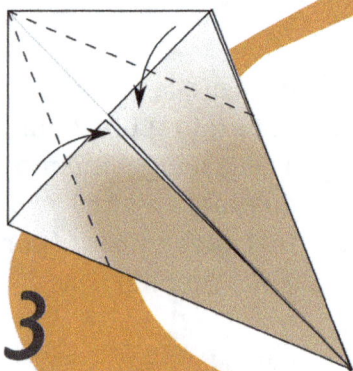

**3** Doblar en valle para llevar los bordes hacia la linea del medio

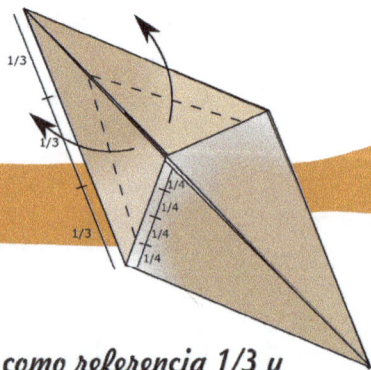

**4** Doblar en valle usando como referencia 1/3 y 1/4 como se muestra en la imagen

**8** *Realizar un doblez invertido hacia abajo*

**7** *Realizar un doblez invertido hacia arriba*

**6** *Doblar en valle por la mitad*

**5** *Doblar en zigzag*

**9** sacar la porción de papel que se encuentra por dentro

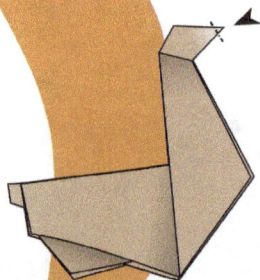

**10**

Doblar hacia adentro la punta

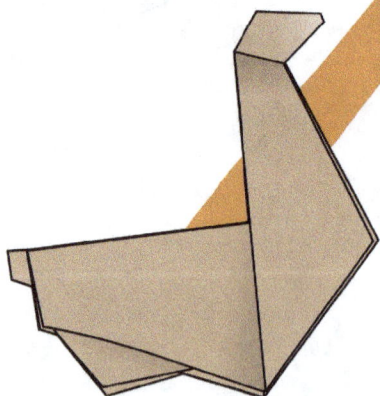

**11** Figura finalizada

# Crucigrama

## Guanaco

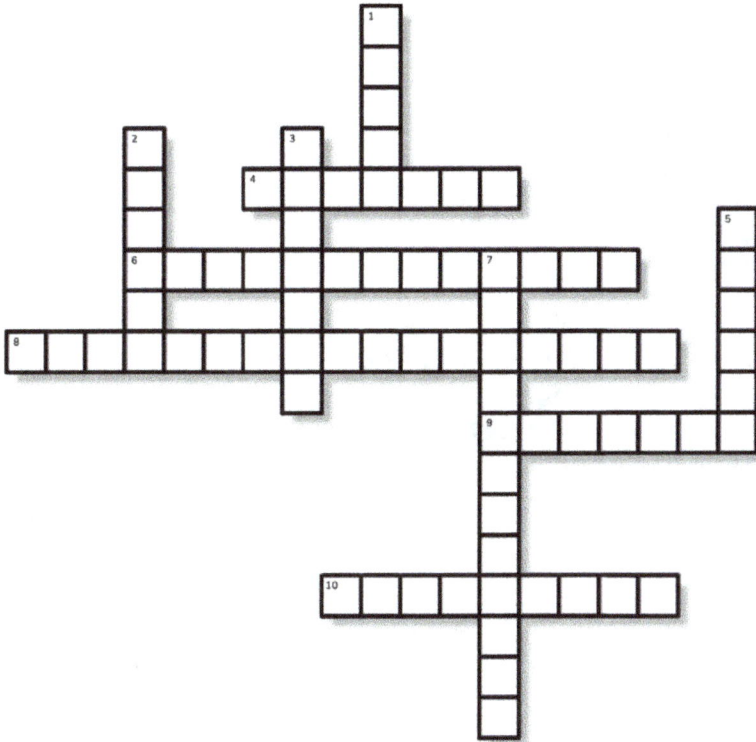

**Horizontal**

4. La principal amenaza para el guanaco en el pasado
6. Continente en el que habita
8. Categoría de conservación dentro de la Lista Roja
9. Nombre Común
10. Tipo de alimentación del guanaco

**Vertical**

1. País en el cual gran parte de su población se encuentra
2. Nombre de los grupos pequeños en que vive
3. Actualmente, la mayor amenaza para el guanaco es la degradación de su...
5. Nombre del sonido que emite el macho cuando detecta una amenaza
7. Nombre científico de la especie.

MÉXICO

Nací en Ciudad de México en 1990 y desde pequeño me han interesado en gran medida los seres vivos, y en menor medida las historias de fantasía y ciencia ficción. Aprendí a hacer origami desde pequeño por medio de diagramas que encontraba en libros e internet. Mis primeros pasos en el diseño y diagramación de modelos ocurrieron cuando los objetos que quería representar eran demasiado específicos, por ejemplo personajes de algún videojuego. En este punto explore también el diseño de modelos de origami modular y kirigami, aunque poco después mis creaciones quedaron circunscritas en el origami hecho con una sola hoja cuadrada sin cortes.

Mi afición por los dinosaurios me llevo a estudiar biologia en la Universidad Nacional Autonoma de Mexico y a pesar de tener poco tiempo para dedicar al origami, durante este tiempo pude diseñar uno de mis modelos más famosos: Cthulhu, un monstruo que aparece en los cuentos de H. P. Lovecraft. Durante la crisis sanitaria del 2020 el ritmo de muchas actividades que llevaba a cabo, incluyendo mis estudios de doctorado, se vio sustancialmente reducido de manera que pude dedicar tiempo al origami mejorando mis prácticas de plegado, diseño y diagramación.

En la actualidad existen docenas de mis modelos con instrucciones paso por paso publicadas tanto en compendios como en libros de mi autoría. También he exhibido y enseñado a plegar mis diseños en conferencias en el extranjero. Aunque recientemente le he dedicado más modelos a la cultura popular, tengo un amplio interés en representar los seres vivos que me dedico a estudiar profesionalmente.

# Ajolote

*Ambystoma mexicanum*

Nivel Básico - intermedio
Dimensión del papel 20 x 20 cm
Tipo de papel: De preferencia papel bicolor

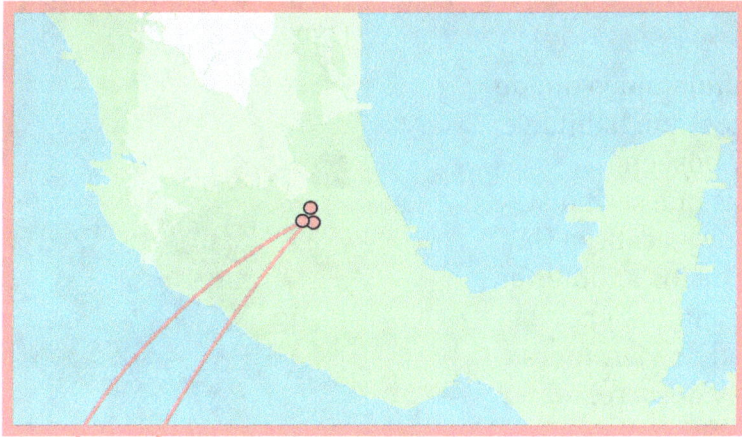

*El área rosada muestra la restringida distribución del ajolote en solo tres localidades en México.*

## País:

México

## Ecología:

Los Ajolotes desarrollan toda su vida en el agua, son depredadores carnívoros, comen moluscos, gusanos, insectos y pequeños peces.

## Nombre común:

Ajolote

## Nombre científico:

*Ambystoma mexicanum*

## Categoría de Conservación Lista Roja de la UICN

*CR - Peligro Crítico*

## Característica distintiva

Es un anfibio único donde los adultos aún habitan en el agua y poseen branquias que se ven al costado de su cabeza (la mayoría de los anfibios en su etapa adulta tienen la capacidad de vivir fuera del agua y desarrollan pulmones)

## Distribución

Esta especie originalmente habitaba en numerosos lagos y humedales al rededor del territorio que actualmente es Ciudad de Mexico, pero la urbanización destruyó la mayoría de los puntos donde se encontraba. Actualmente, sólo se ha encontrado en tres sitios en la parte sur de la Ciudad de México, en los canales de Xochimilco, en el lago de Chalco y en el lago de Chapultepec.

## Amenazas:

Sus poblaciones se han reducido drásticamente por una mezcla de amenazas como la urbanización que llevó al drenado y degradación de los lagos donde habita, la contaminación de las aguas, y la depredación y competencia de especies invasoras.  Se estima que actualmente solo quedan entre 50 a 1000 individuos maduros en la naturaleza.

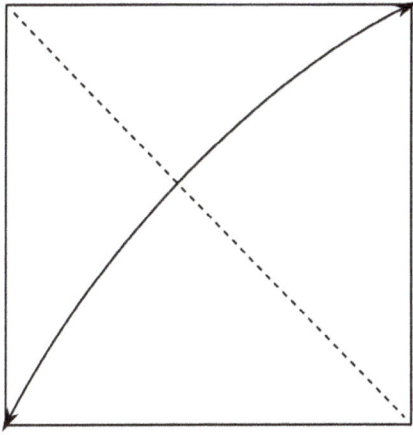

**1** Doblar y desdoblar la diagonal

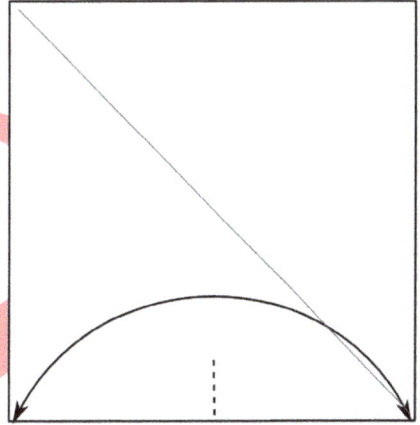

**2** Hacer una marca

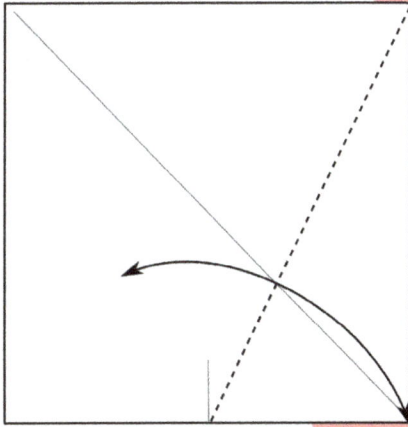

**3** Doblar y desdoblar

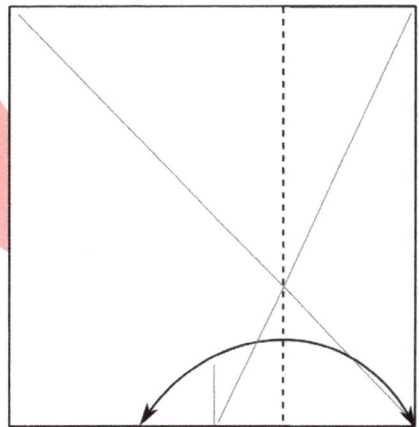

**4** Doblar y desdoblar

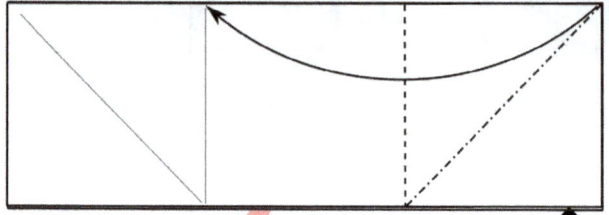

**8** *Aplastar el borde mientras se lleva la esquina a la izquierda*

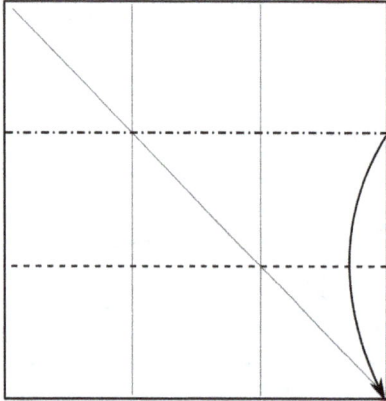

**7** *Colapsar llevando el tercio superior al frente*

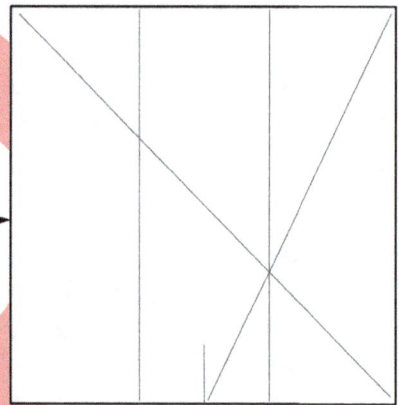

**6** *Repetir en el plano horizontal*

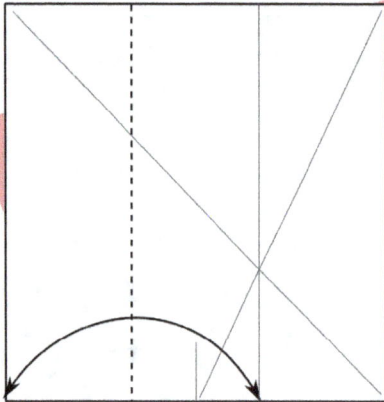

**5**

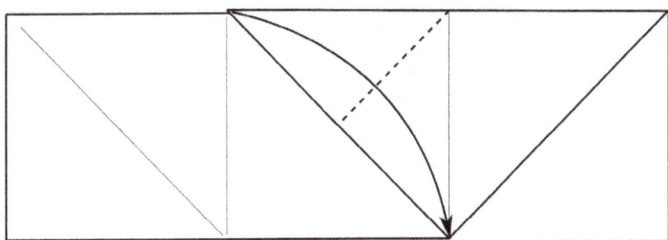

**9** *Llevar hacia abajo*

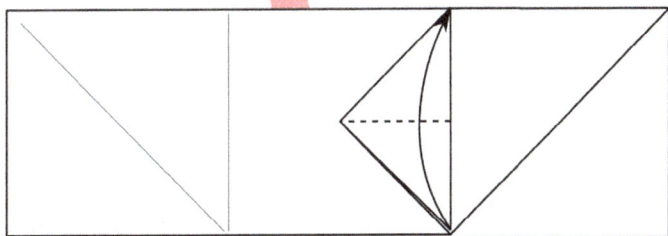

**10** *Llevar hacia arriba*

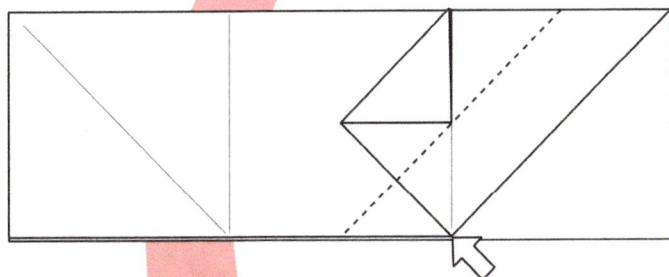

**11** *Hundimiento cerrado*
*El modelo no se mantendrá plano*

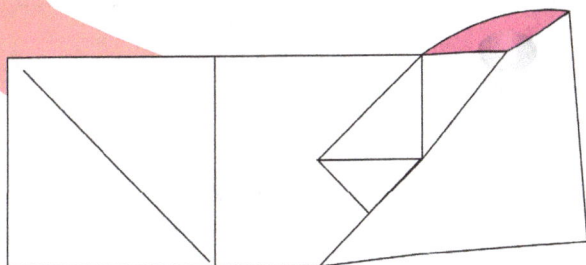

**12** *Voltear el papel*

**16** *Pliegue inverso interior*

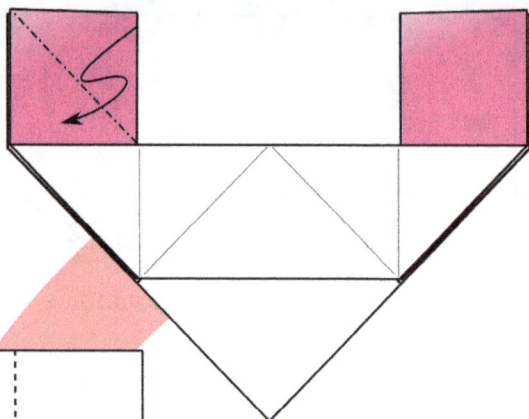

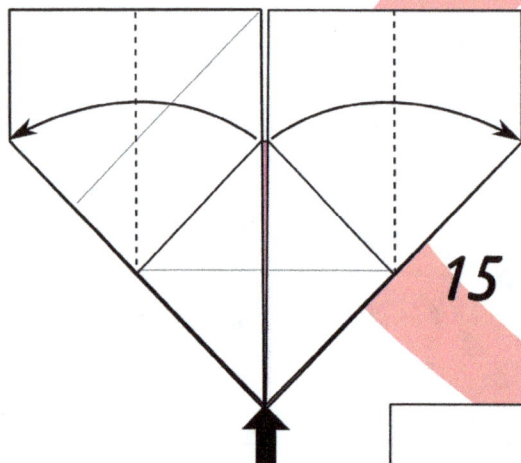

**15** *Abrir mientras se aplasta la esquina*

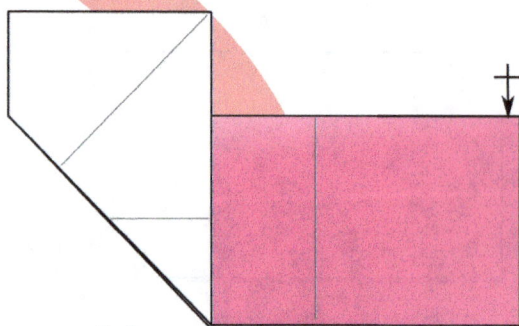

**14** *Repetir desde el paso 8*

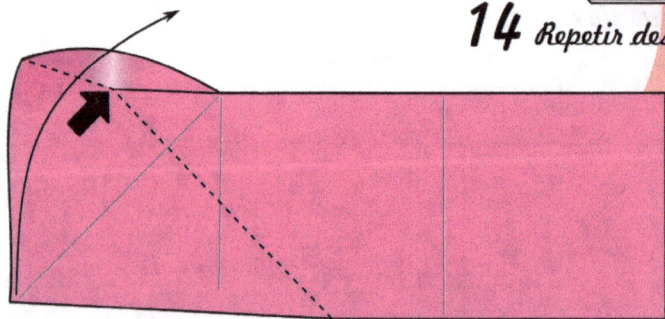

**13** *Aplastar el punto indicado mientras se colapsa*

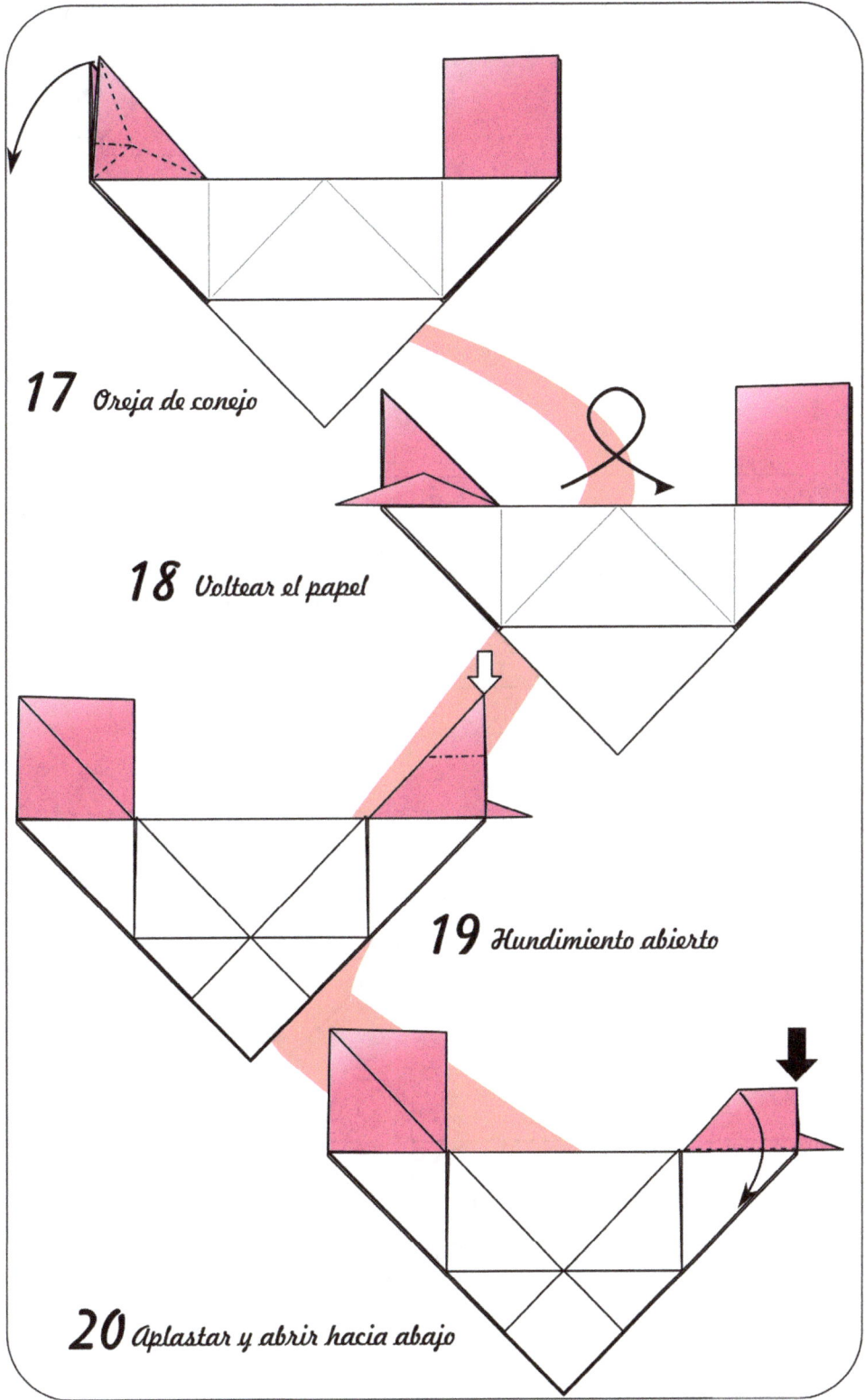

**17** *Oreja de conejo*

**18** *Voltear el papel*

**19** *Hundimiento abierto*

**20** *Aplastar y abrir hacia abajo*

**24** Aplastar

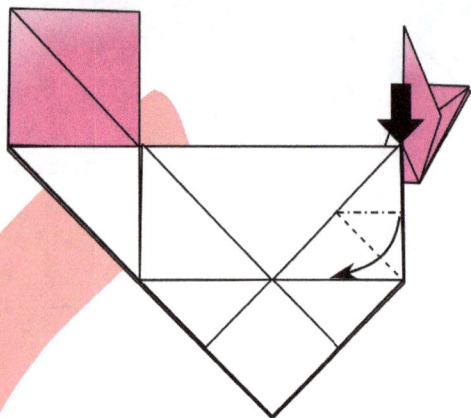

**23** Oreja de conejo mientras se lleva la punta hacia atras

**22** Cerrar

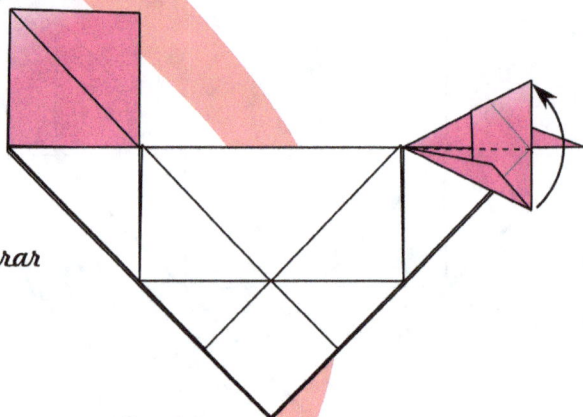

**21** Llevar hacia arriba y hacia atras

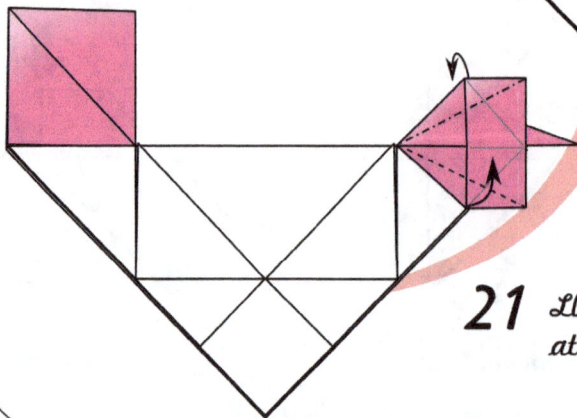

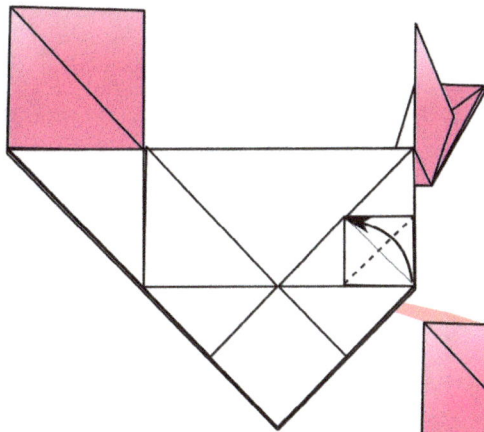

**25** Llevar la esquina hacia arriba

**26** Llevar la esquina hacia atras

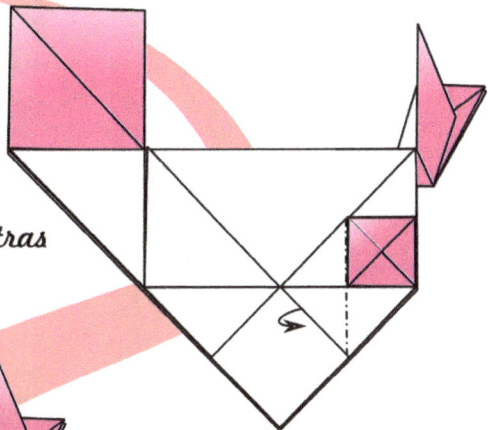

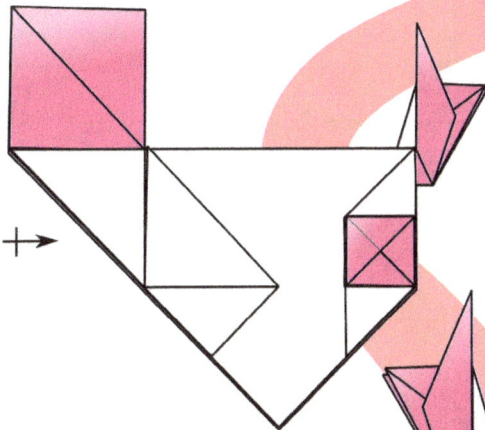

**27** Repetir desde el paso 16

**28** Hundimiento abierto

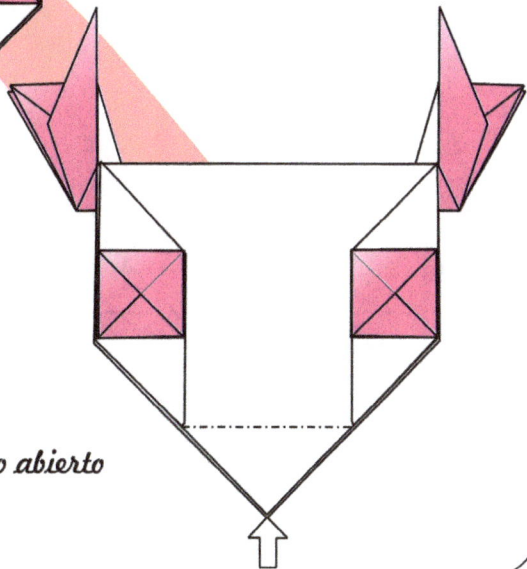

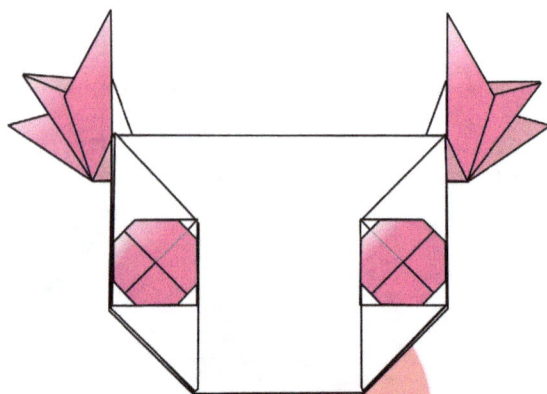

**30** Modelo terminado

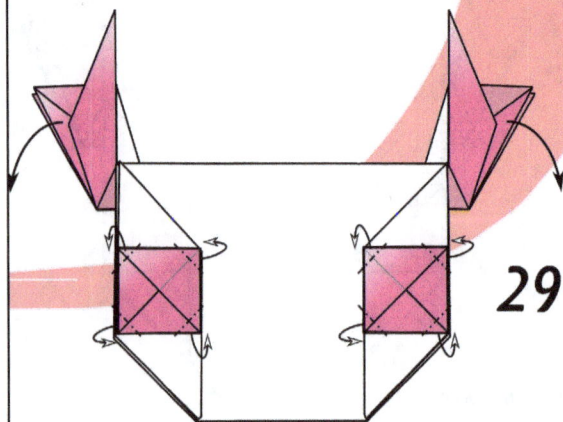

**29** Redondear los ojos y abrir las branquias

# Ajolote

```
A F C A R N I V O R O E A I L S
M F Z T X O N F A V C M T N S R
B I E B U A P D S C I E N A H A
Y O S P S I N B R O P A I H L R
S E P E T N O M I E F U X C T A
T B E L I U F R N A Q V T P I N
O E C I A L S W U N P N M R D I
M E I G A H Y T A P E R O M N S
A A E R E I H R A T R P A O C E
M T S O I M B G N U S B I H A O
E L I C I R C W F U E C I T O H
X P N R U R E O I N A C D M I E
I Y V I P O T S B Z N I E E R L
C S A T P O A E I C G X L X T I
A R S I N A D N O E C R B I A X
N Z O C O E A C N A L S E C X R
U T R O L B M N E H A R O O S T
M E A P R A M R K D P C S R T D
O E S U A J V R A J O L O T E N
M C P W S R I E M O L F T V H N
```

Encuentra las siguientes palabras :

| | | |
|---|---|---|
| Ajolote | Especies Invasoras | México |
| Carnívoro | *Ambystoma mexicanum* | Branquias |
| Urbanización | Anfibio | Peligro Crítico |

# Teporingo

*Romerolagus diazi*

*Nivel Básico.*
*Dimensión del papel 15x15*
*Tipo de papel: De preferencia papel bond*

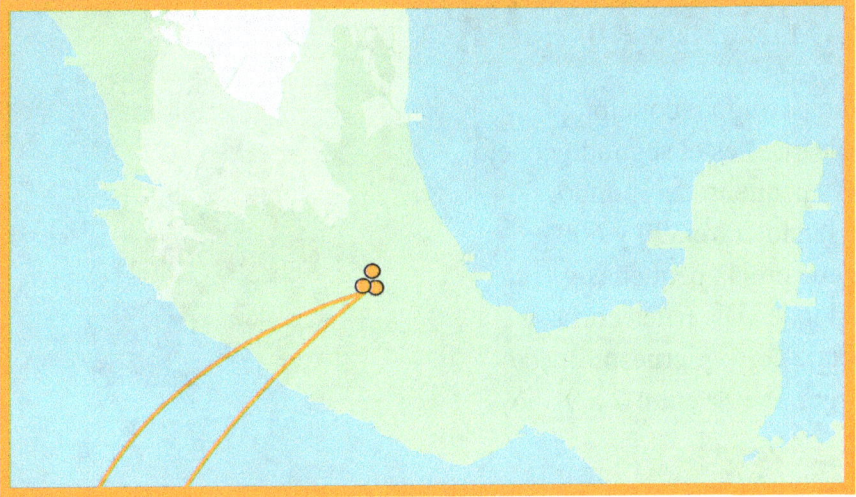

El área naranja muestra la restringida distribución del teporingo a en México.

**País:**

México

**Ecología:**

Viven en grupos de 2 a 5 conejos por madrigueras, las cuales pueden tener 5 m de largo y estar a 40 cm de profundidad. Es herbívoro y se alimenta principalmente de pastos, los cuales tambien suele usar para esconderse de posibles depredadores.

**Nombre común:**

Teporingo

**Nombre científico:**

*Romerolagus diazi*

**Categoría de Conservación Lista Roja de la UICN**

EN - En Peligro

## Característica distintiva

El teporingo o conejo volcánico es el segundo conejo más pequeño del mundo, pesando entre 390 y 600 g. Tiene orejas pequeñas y redondeadas, patas cortas y pelaje corto y grueso. Puede llegar a vivir entre 7 a 9 años

## Distribución

Este conejo es endémico de una pequeña región a lo largo del Cinturón Neovolcánico Transverso en el centro de México.

## Amenazas:

El teporingo está amenazado por la pérdida de habitat adecuado como consecuencia de incendios y la urbanización (asentamientos, carreteras, etc), además de la competencia con el ganado y el cambio climático.

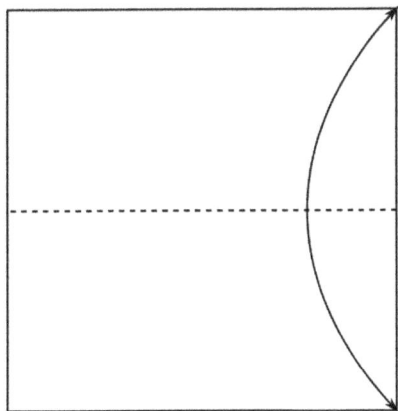

**1** Doblar y desdoblar por la mitad

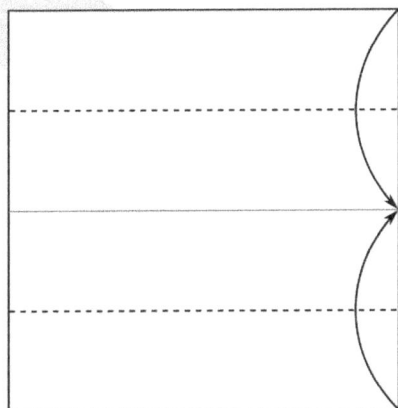

**2** Llevar ambos bordes al centro

**3** Pliegue inverso inteior

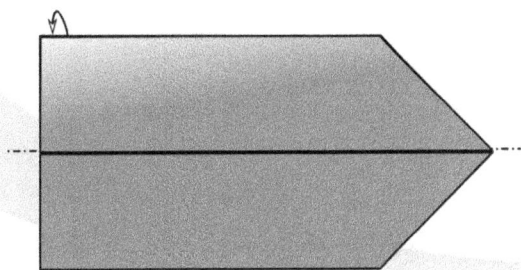

**4** Doblar por la mitad

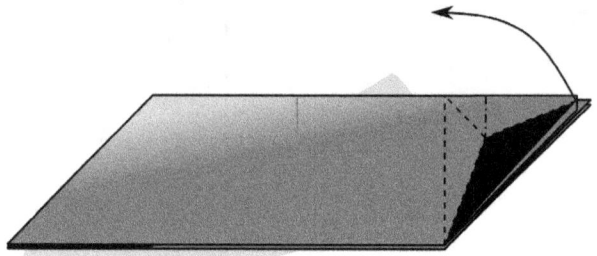

**8** *Oreja de conejo y llevar a la izquierda*

**7** *Pliegue inverso interior*

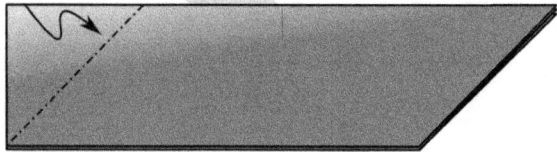

**6** *Pliegue inverso interior*

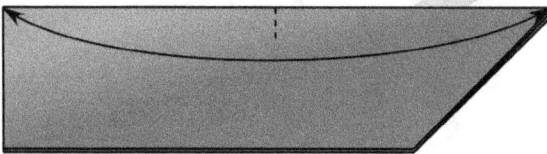

**5** *Hacer una marca*

**9** *Llevar hacia atras*

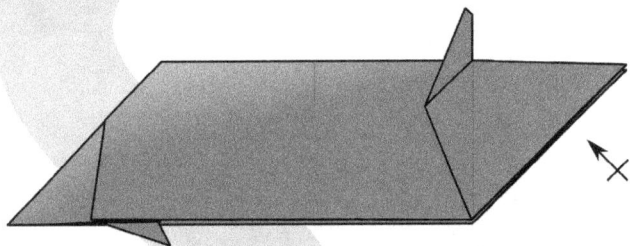

**10** *Repetir desde el paso 7*

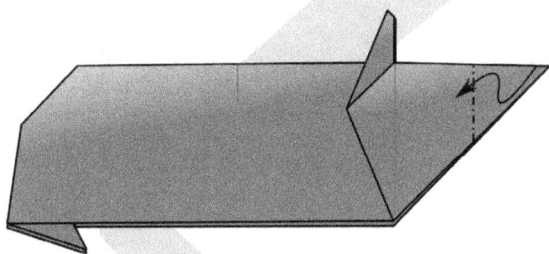

**11** *Pliegue inverso interior*

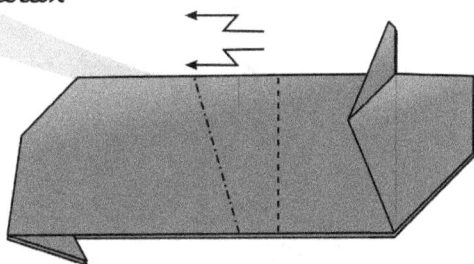

**12** *Pliegue hundido escalonado*

**16** *Pliegue escalonado*

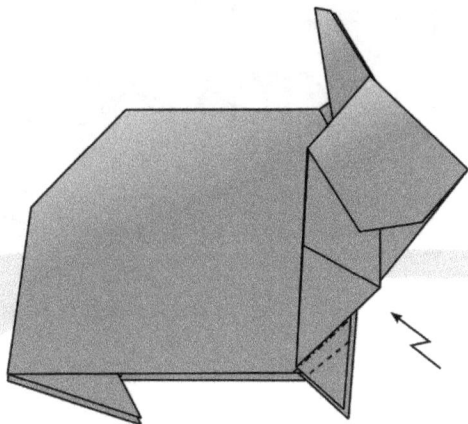

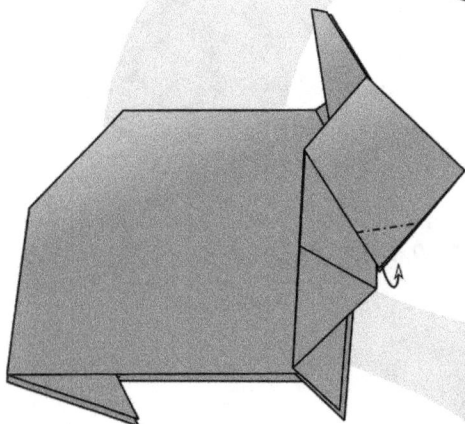

**15** *Llevar hacia atrás*

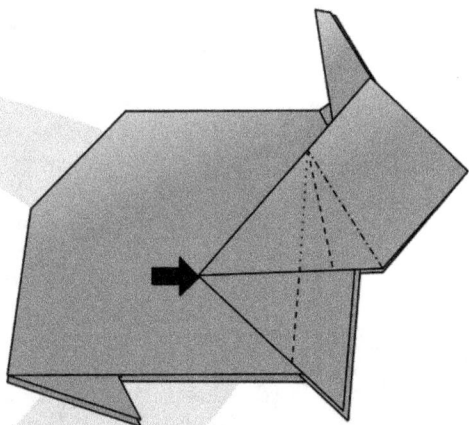

**14** *Aplastar la esquina*

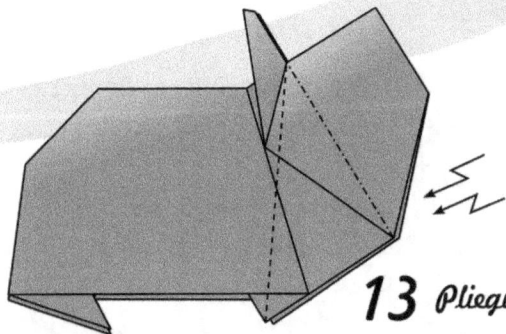

**13** *Pliegue hundido escalonado*

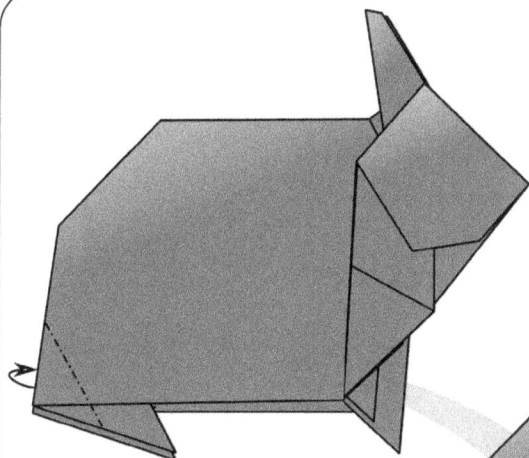

**17** *Llevar hacia atrás*

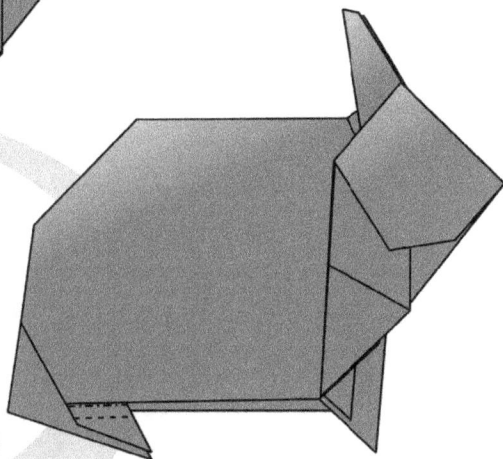

**18** *Pliegue escalonado*

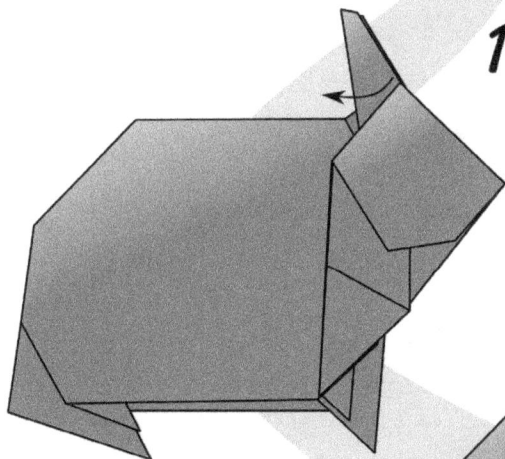

**19** *Abrir la oreja con cuidado*

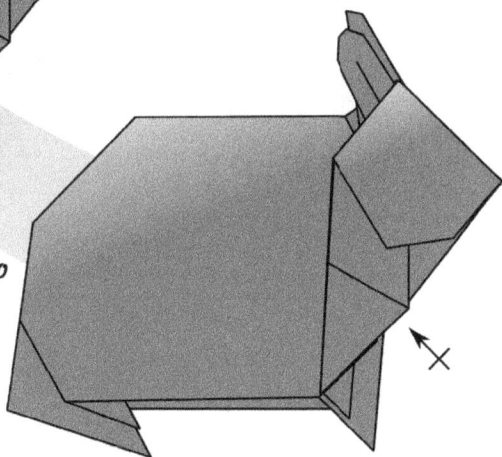

**20** *Repetir desde el paso 14*

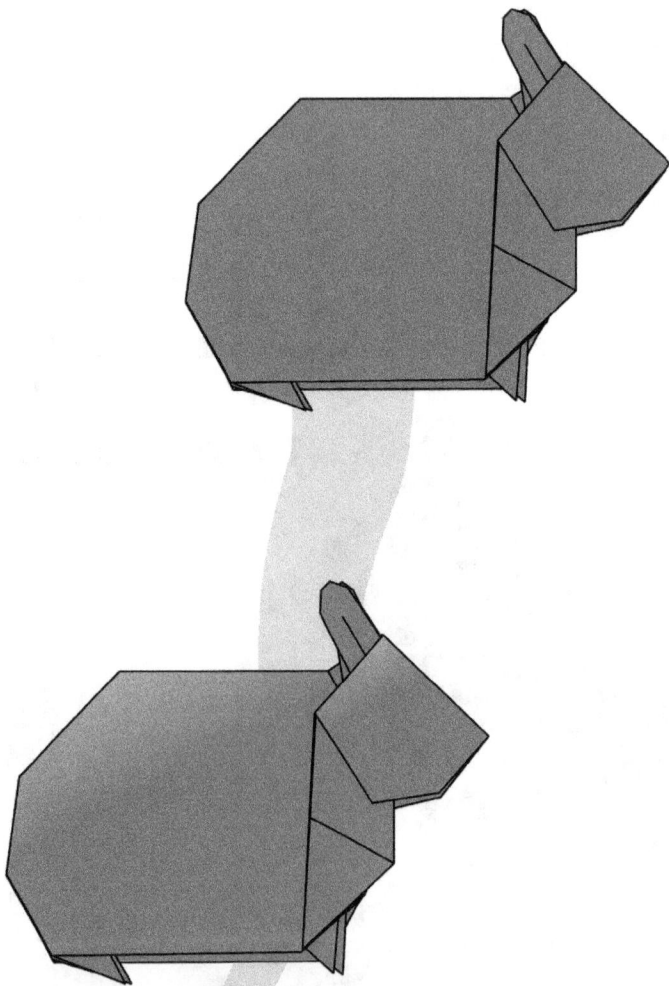

**21** Modelo terminado

# Teporingo

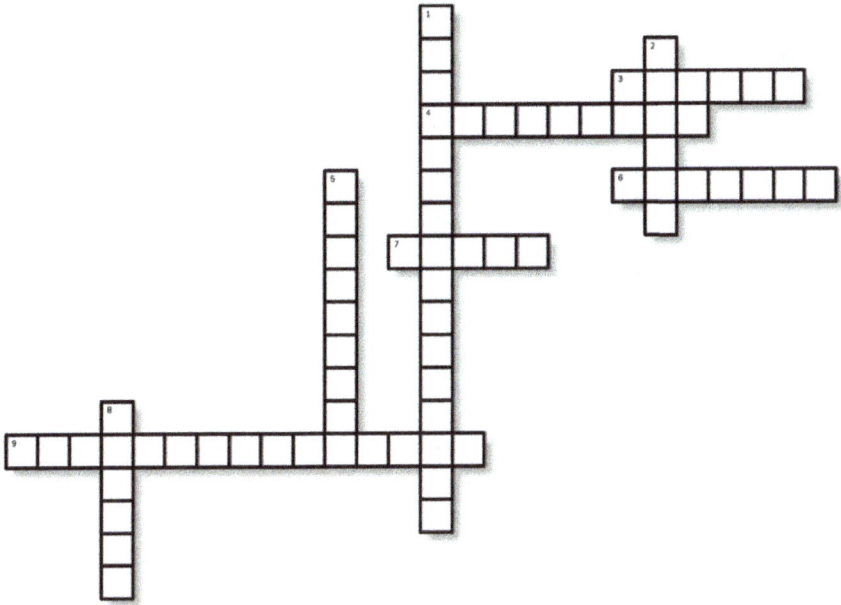

Horizontal

3. De este tipo de animal, es el segundo más pequeño del mundo.

4. Categoría de conservación dentro de la Lista Roja

6. La principal amenaza del Teporingo es la perdida de...

7. Su alimento principal

9. Además de Teporingo, de que otra forma se le conoce comúnmente

Vertical

1. Nombre científico del Teporingo

2. Sus patas son...

5. Nombre común

8. Único país en el que vive

# Jaguar

*Panthera onca*

*Nivel Básico - intermedio*
*Dimensión del papel 20 x20 cm*
*Tipo de papel: De preferencia papel delgado*

*El área azul muestra la distribución estimada del Jaguar.*

**País:**

Centro América y sudamérica

**Ecología:**

El jaguar está principalmente activo durante la noche y durante el crepúsculo. Sin embargo, los que viven en regiones densamente boscosas de la selva amazónica y el Pantanal son más diurnos. Los jaguares son cazadores oportunistas. Se han registrado en su dieta más de 85 especies de presas, incluidos mamíferos, reptiles y aves, en toda su área de distribución. El jaguar es generalmente solitario excepto las hembras con cachorros que suelen ser acompañadas por un macho.

**Nombre común:** Jaguar

**Nombre científico:**

*Panthera onca*

**Categoría de Conservación Lista Roja de la UICN**

*NT - Casi amenazada*

## Característica distintiva

Con una longitud corporal de hasta 1,85 m y un peso de hasta 158 kg, es la especie de felino más grande de América y la tercera más grande del mundo. Su pelaje distintivamente marcado presenta un pelaje de color amarillo pálido a tostado cubierto por manchas que pasan a ser rosetas en los lados. En algunos individuos aparece un pelaje negro melánico.

## Distribución

Históricamente se extendió desde el suroeste de Estados Unidos a través de la cuenca del Amazonas hasta el Río Negro en Argentina. Sin embargo; el jaguar ha sido prácticamente eliminado de gran parte de las zonas más secas del norte de su área de distribución, así como del norte de Brasil, las pampas, pastizales de matorral de Argentina y de todo Uruguay. Actualmente se estima que ocupa solo el 51% de su área de distribución histórica.

## Amenazas:

Para el jaguar se sospecha de una disminución de individuos maduros de al menos un 20-25% en los últimos 21 años, debido a una la disminución documentada de sus población, además de la pérdida de hábitat en la mayoría de los países donde habita. El conflicto entre jaguares y ganado es una grave amenaza para la supervivencia de los jaguares. Incluso en áreas nominalmente protegidas, los jaguares a menudo sufren impactos humanos como la caza ilegal.

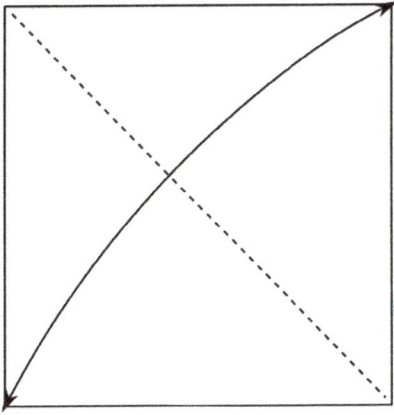

**1** Doblar y desdoblar la diagonal

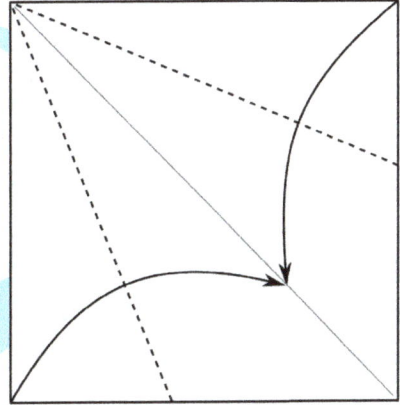

**2** Alinear ambos bordes con la diagonal

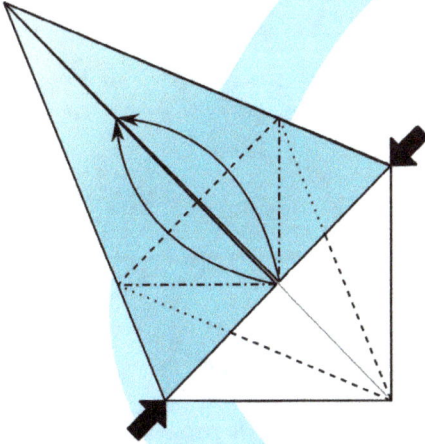

**3** Jalar las esquinas mientras se aplastan los costados

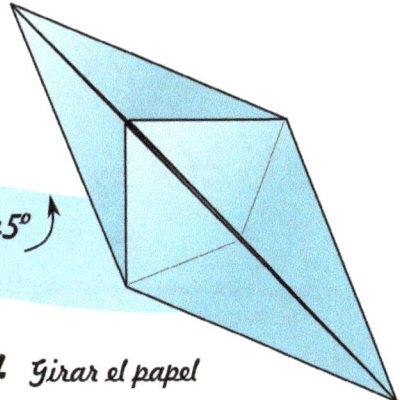

45°

**4** Girar el papel

**8** Cerrar la esquina ala derecha

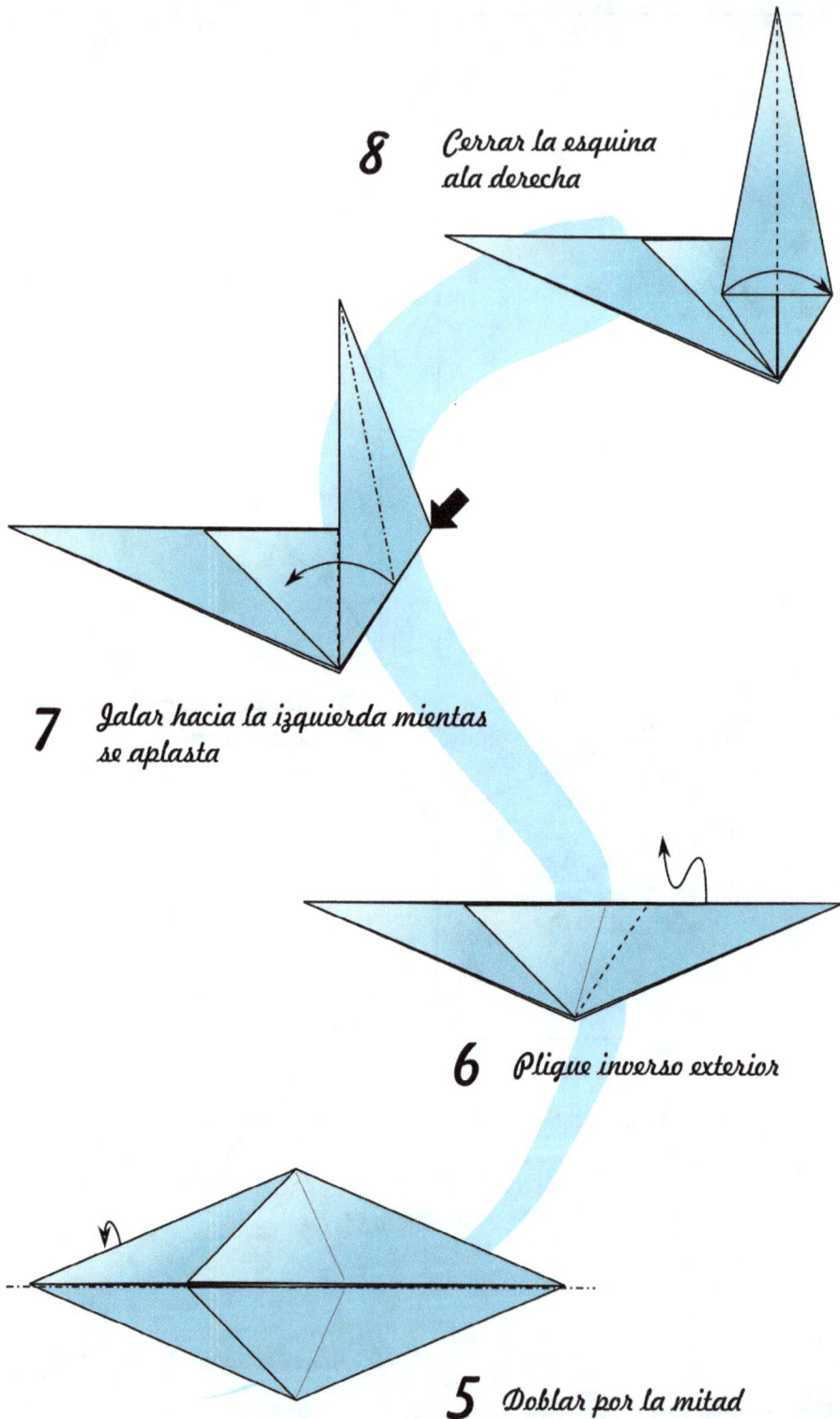

**7** Jalar hacia la izquierda mientas se aplasta

**6** Plique inverso exterior

**5** Doblar por la mitad

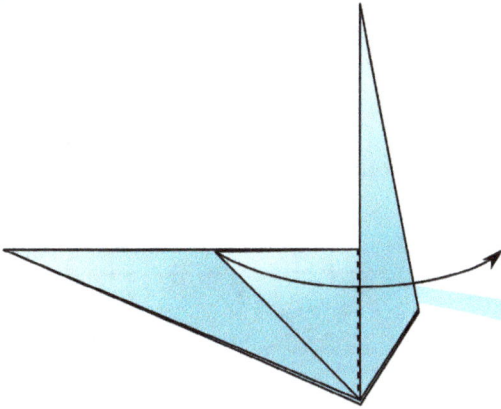

**9** *Llevar la esquina a la derecha*

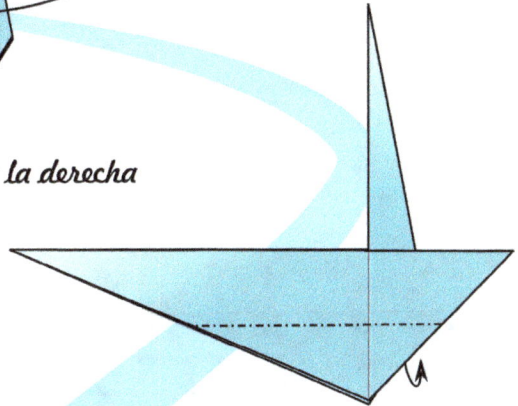

**10** *Doblar por la mitad hacia atrás*

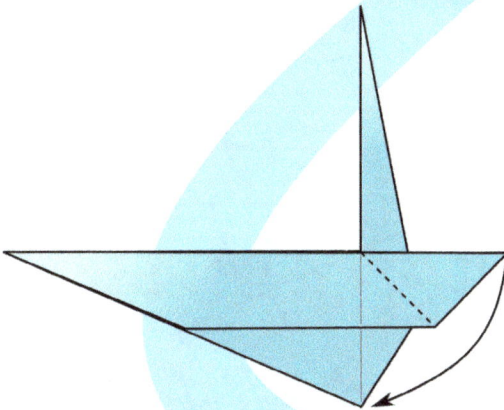

**11** *Llevar la punta hacia abajo*

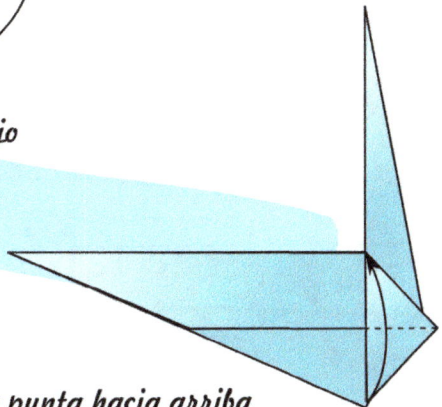

**12** *Llevar la punta hacia arriba*

**16** Repetir desde el paso 9 del otro lado

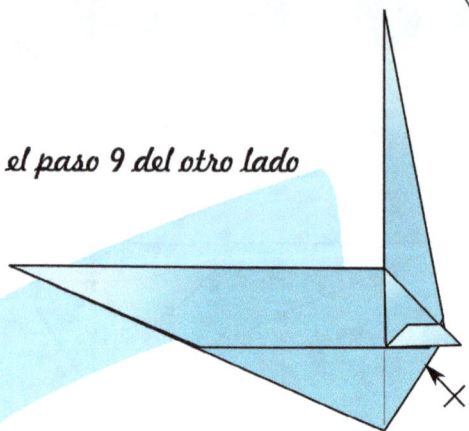

**15** Pliegue inverso interior

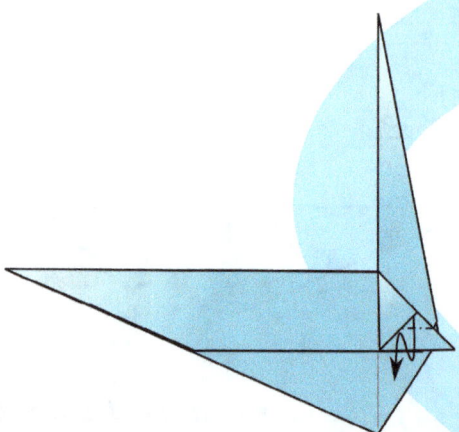

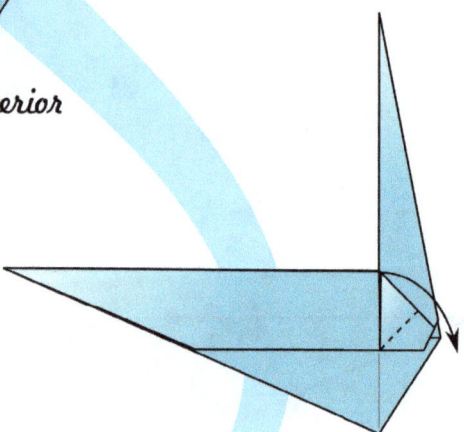

**14** Llevar la punta en diagonal hacia abajo

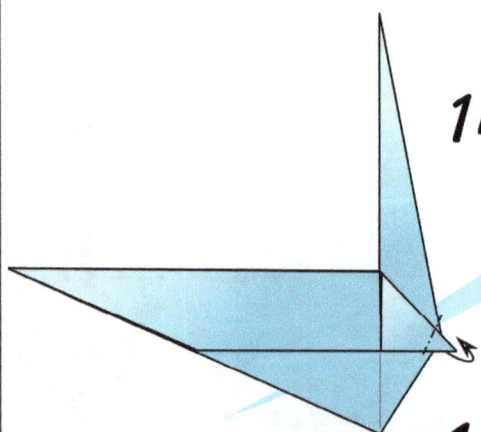

**13** Doblar hacia atras

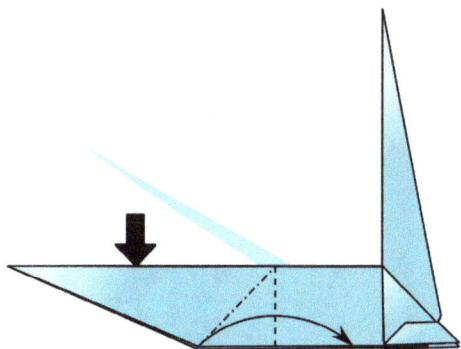

**17** Jalar hacia la derecha mientras se aplasta el borde

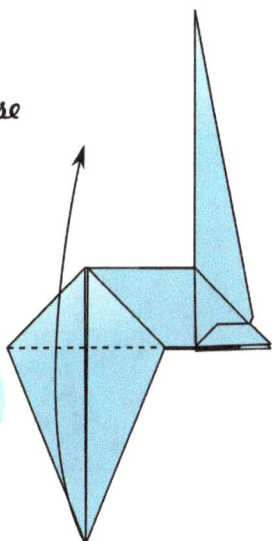

**18** Llevar la punta hacia arriba

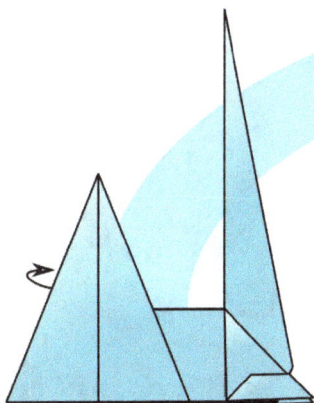

**19** Cerrar hacia atras

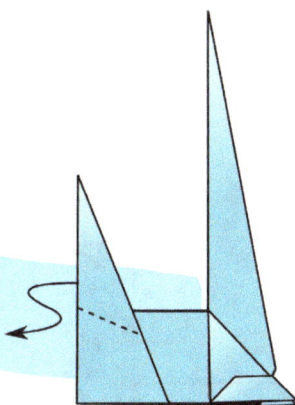

**20** Pliegue inverso exterior

**24** *Llevar hacia abajo*

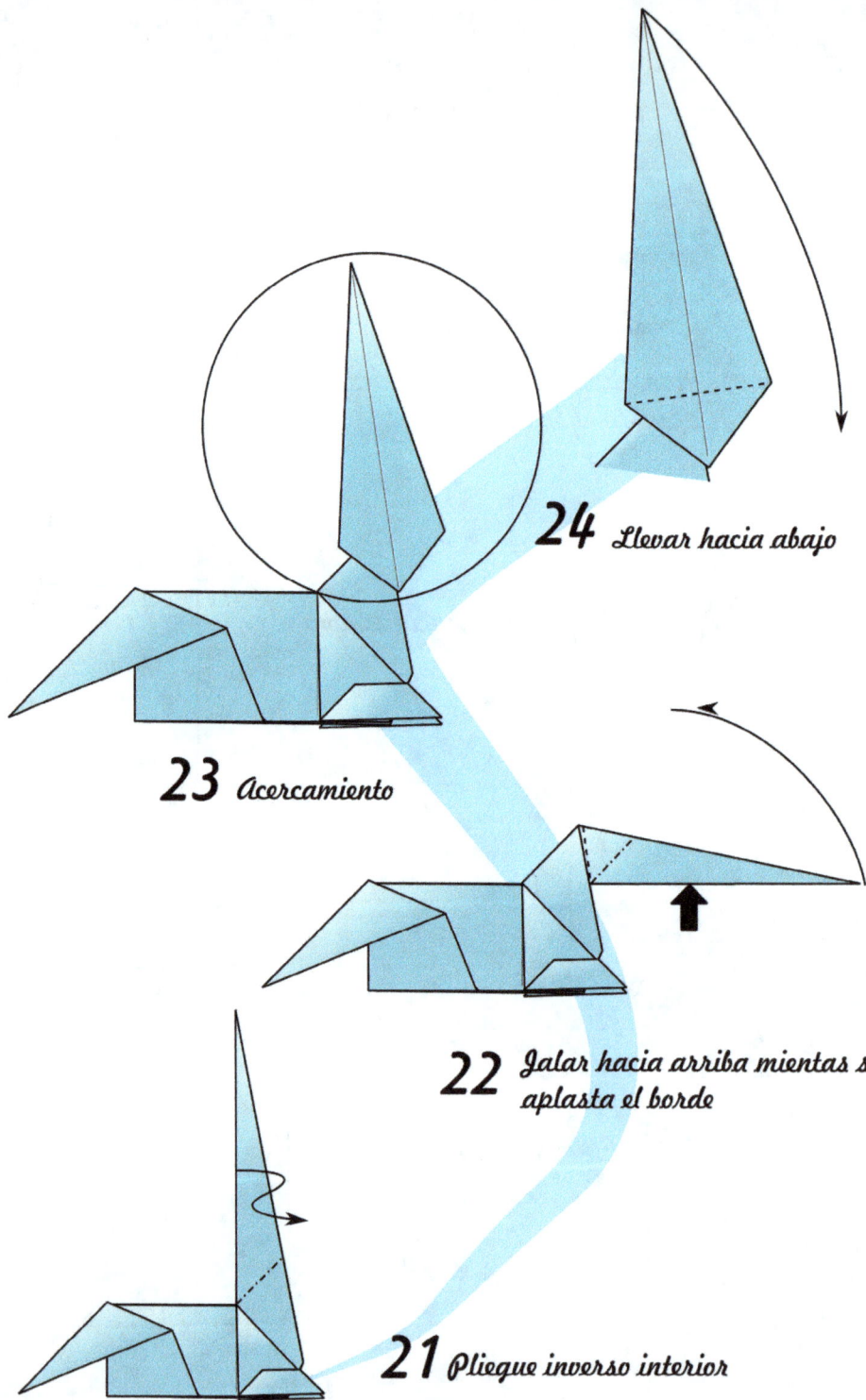

**23** *Acercamiento*

**22** *Jalar hacia arriba mientas se aplasta el borde*

**21** *Pliegue inverso interior*

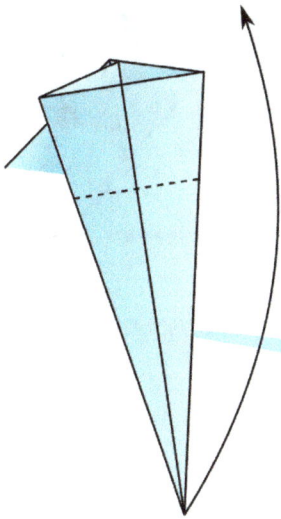

**25** *Llevar hacia arriba*

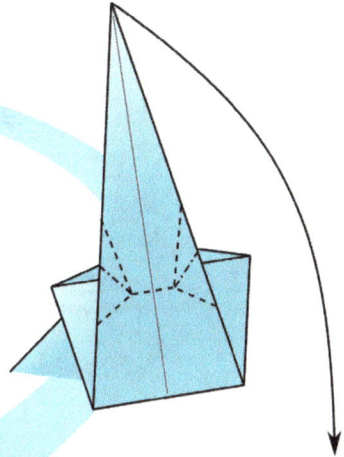

**26** *Llevar hacia abajo mientras se colapsa*

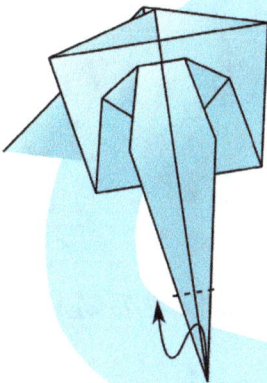

**27** *Pliegue inverso interior*

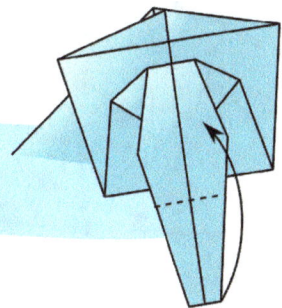

**28** *Llevar hacia arriba*

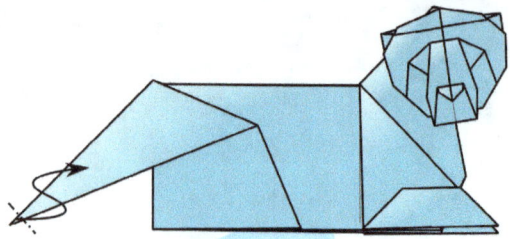

**32** *Pliegue inverso interior*

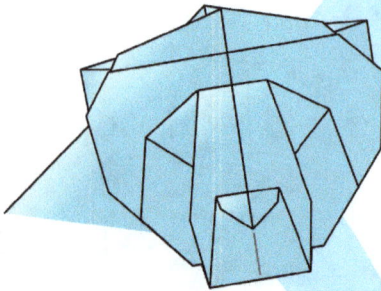

**31** *Alejamiento*

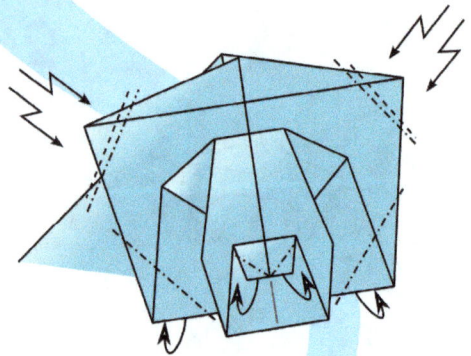

**30** *Moldear*

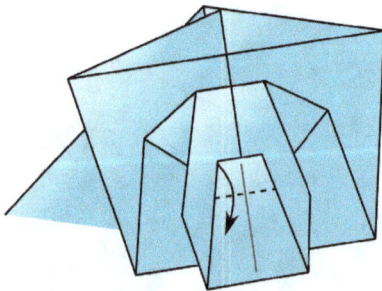

**29** *Llevar hacia abajo*

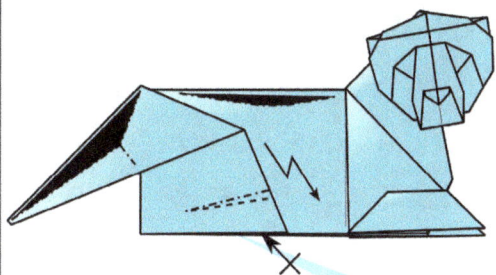

**33** Moldear la cola, el lomo y la pata trasera con un pliegue escalonado Repetir del otro lado

**34** Pliegue inverso interior

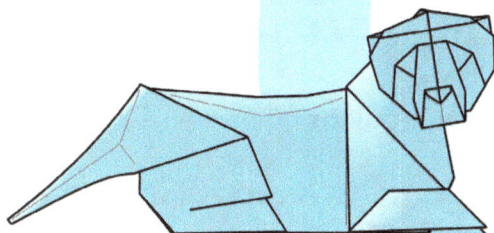

**35** Modelo terminado.

# Jaguar

```
T  M  J  E  R  Q  N  Y  Z  D  E  T  R  Y  O  P
E  L  A  D  O  U  S  H  I  R  D  E  L  A  O  S
C  M  U  P  E  F  N  C  A  T  Z  L  E  D  U  D
A  F  H  V  A  R  L  U  I  O  U  N  A  E  L  F
R  E  R  S  O  N  G  M  N  A  H  Z  F  E  V  D
N  L  O  R  A  A  T  B  G  U  A  N  E  I  A  C
I  I  L  N  J  U  M  H  M  N  A  I  T  E  O  N
V  N  R  D  I  V  B  N  E  A  S  O  D  L  G  R
O  O  Z  S  E  A  A  M  I  R  N  T  R  D  O  W
R  A  L  E  T  N  A  M  O  M  A  C  Y  A  I  T
O  O  E  M  A  I  U  T  A  C  N  O  H  K  O  A
P  T  R  C  S  O  L  A  I  Z  U  E  N  A  B  P
S  R  N  A  T  U  A  E  C  R  O  D  B  C  S  A
V  E  C  F  R  I  O  A  U  J  B  N  E  V  A  A
C  A  Z  A  I  L  E  G  A  L  L  G  A  C  F  S
U  I  D  A  P  C  W  O  T  U  S  R  L  S  Y  B
G  F  A  O  U  L  E  G  S  O  C  P  E  A  G  I
F  T  R  M  A  M  I  F  E  R  O  L  U  A  I  E
S  M  J  T  N  A  O  E  R  S  P  F  N  B  A  I
```

Encuentra las siguientes palabras :

| | | |
|---|---|---|
| Amazonas | Casi Amenazado | Caza Ilegal |
| Felino | *Panthera oca* | Mamífer |
| Carnívoro | Jaguar | Manchas |

ECUADOR

Soy de Ecuador, nací en la ciudad de Sangolquí un 16 de Abril de 1981, esta ciudad pertenece al cantón Rumiñahui, ubicado a una hora de la ciudad de Quito, provincia de Pichincha, más conocido como el Valle de los Chillos.

Mis estudios superiores los realicé en la Universidad Central del Ecuador, una de las más grandes del Ecuador, fundada en 1863, muy antigua, me gradué de Comunicador Social en la Facso( Facultad de Comunicación Social). Soy autor de varios libro de origami y me encargo de la publicación de la revista de origami 4 Esquinas.

# Rana Jabato Negro

*Atelopus ignescens*

*Nivel Básico.*
*Dimensión del papel 15 x 15 cm*
*Tipo de papel: De preferencia papel bond*

*El área verde muestra la restringida distribución de la rana Jambeto Negro endémica de Ecuador.*

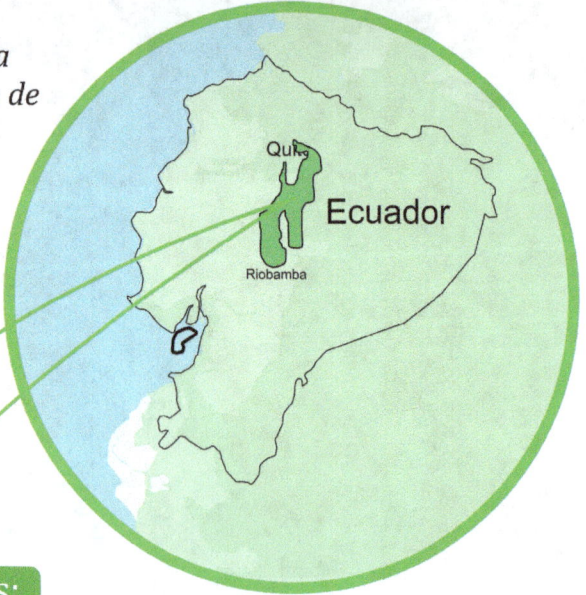

Quito

**Ecuador**

Riobamba

**País:**

Ecuador

**Ecología:**

Esta es una especie semi-acuática, su reproducción y desarrollo de los renacuajos ocurre en arroyos estrechos, rápidos y rocosos.. Como casi todos los anfibios, son depredadores de insectos, por lo que nos ayudan en el control de plagas e insectos que pueden distribuir enfermedades, como los mosquitos.

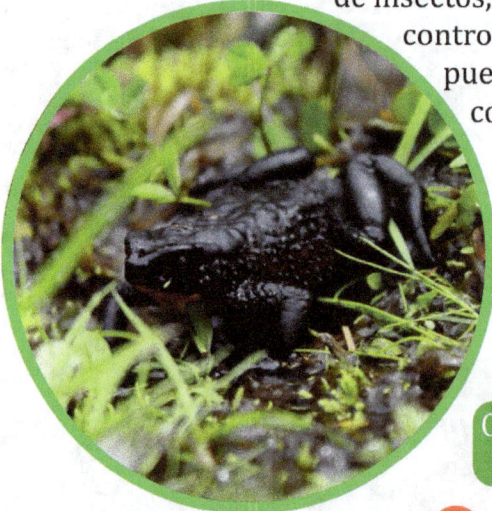

**Nombre común:**

Rana Jambato Negro.

**Nombre científico:**

*Atelopus ignescens*

**Categoría de Conservación Lista Roja de la UICN**

*CR - Peligro Crítico*

## Característica distintiva

El Jambato negro, también conocido como sapo de Quito, tiene un cuerpo robusto con extremidades largas y hocico truncado. Su espalda es uniformemente negra, al igual que el iris.

El costado del vientre es de color rojo anaranjado y su vientre es de color más claro, teñido de amarillo.

Los machos miden de 34 a 41 mm y las hembras de 36 a 48 mm de longitud entre el hocico y la cloaca.

## Distribución

El jambato negro es endémica de los Andes del norte de Ecuador. Históricamente, se encontraba en los valles interandinos y las tierras altas de las principales Cordilleras Andinas del Ecuador, desde las provincias de Imbabura hasta Chimborazo y Bolívar. Actualmente se encuentra en solo una localidad dentro de su distribución histórica. Ocurre en elevaciones entre 2.800 y 4.200 de altura. Es un habitante del bosque montano húmedo, subpáramo húmedo (matorrales de gran altitud) y páramo (pastizales de gran altitud).

## Amenazas:

Esta especie era abundante, pero su población fue afectada por una combinación de cambio climático y enfermedades (quitridiomicosis) y no fue vista después de 1988, por lo que fue declara extinta hasta su redescubrimiento en 2016. Se estima que existen menos de 250 individuos maduros, y el 100% de los individuos maduros se encuentran en la única población conocida.

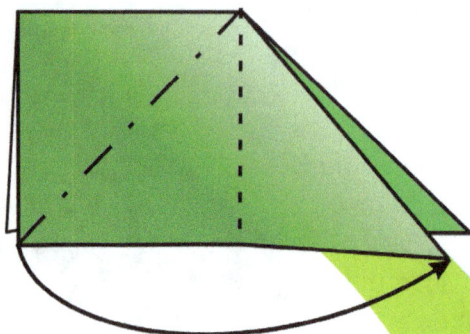

1 Iniciar con Base bomba de agua

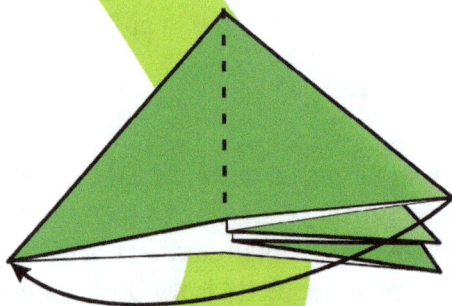

2 Plegar en valle o una media cometa

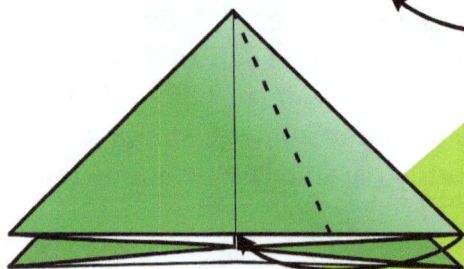

3 Subir la punta en valle por donde se indica y aplastar para formar la pata

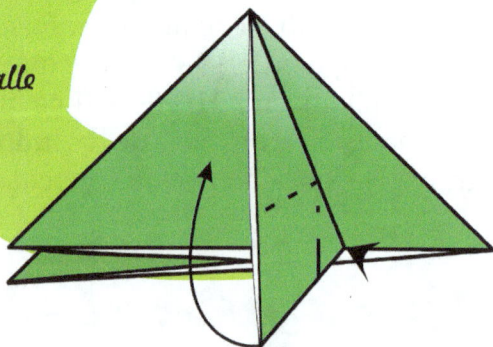

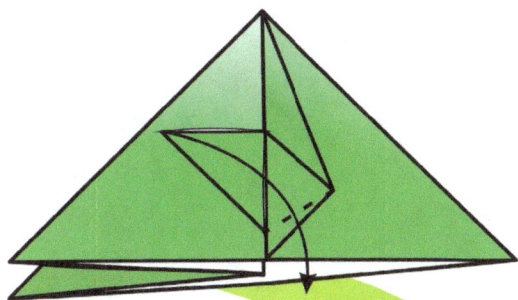

**4** Bajar la punta por donde se indica

**5** Los mismos pasos repetimos en la otra capa

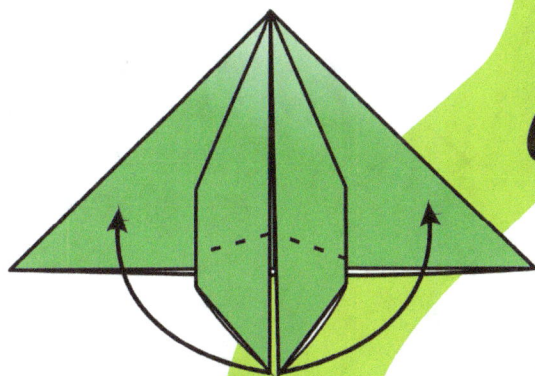

**6** Subimos las puntas en valle para formar las patas

**7** Damos la vuelta a la figura

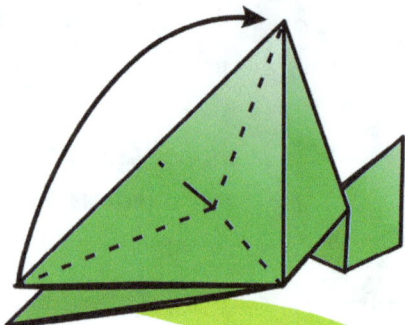

**8** Plegar en
orjea de conejo

**9** Plegar y
marcar por donde
se indica

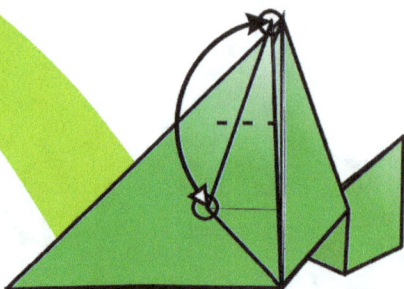

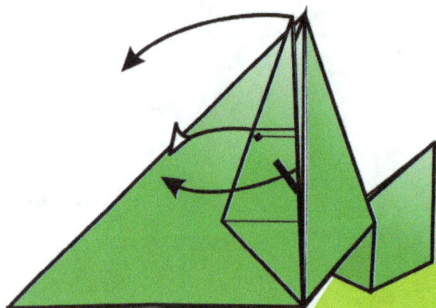

**10** Realizar un pliegue
inverso, considerando
la línea que nos da la
referencia
para efectuarlo.

**11** En la punta efectuamos
un pliegue caperuza
y vamos formando
las aptas

## 11

Luego pasamos
una capa, plegando
en valle

## 12

Repetimos
los mismos pasos
en la otra capa para
formar la rana.

**12** Ocultamos la punta

**13** Figura final

# Jabato Negro

```
E  S  E  M  I  A  C  U  A  T  I  C  O  T  O  A
Q  G  C  U  I  B  E  S  N  C  M  A  T  O  S  T
P  U  D  A  T  G  Y  E  R  D  T  G  L  U  O  E
I  A  I  T  B  P  F  D  M  S  H  N  U  C  G  L
A  T  C  T  I  E  C  U  A  D  O  R  I  H  O  O
N  S  U  R  R  C  A  D  N  B  I  T  R  C  C  P
F  H  A  E  L  I  R  O  P  S  A  I  I  U  B  U
I  L  J  P  O  Y  D  R  T  M  S  T  C  O  U  S
B  L  E  A  I  T  G  I  I  Q  I  A  L  B  N  I
I  M  I  T  B  I  A  L  O  R  C  E  G  P  L  G
O  I  D  N  S  A  C  O  C  M  E  C  T  L  J  N
I  A  S  T  S  O  T  O  O  E  I  D  I  N  C  E
T  P  R  E  I  E  R  O  S  N  O  C  M  U  V  S
S  J  F  B  A  G  C  O  N  H  R  I  O  L  E  C
U  G  M  P  I  K  M  T  O  E  I  T  A  S  V  E
G  A  W  L  I  M  O  S  O  A  G  C  T  B  I  N
C  X  E  U  A  D  S  N  O  S  F  R  M  R  W  S
C  P  B  A  T  O  G  E  W  A  Y  L  O  F  K  I
N  E  A  M  J  I  N  T  R  C  B  W  S  A  P  T
```

Encuentra las siguientes palabras :

| | | |
|---|---|---|
| Anfibio | Cambio Climático | Peligro Crítico |
| Insectos | *Atelopus ignescens* | Ecuador |
| Semiacuático | Jabato Negro | Quitridiomicosis |

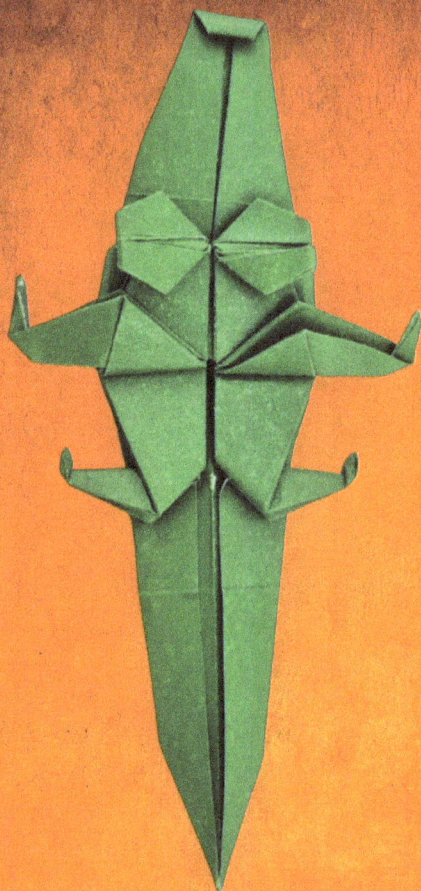

# Caimán- Cocodrilo de la costa

*Crocodylus acutus*

*Nivel Complejo.*
*Dimensión del papel 20 x20 cm*
*Tipo de papel: De preferencia papel delgado*

*La zona verde indica la distribución estimada del caimán por centro y sudamérica*

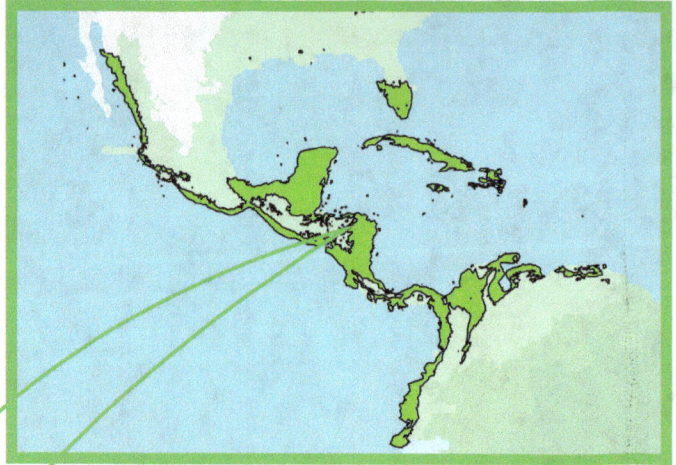

**País:**

Florida (EEUU), México, Colombia, Ecuador etc.

**Ecología:**

El cocodrilo de la costa no tienen grupos sociales, pero ocasionalmente se congregan para alimentarse y tomar el sol durante el día. Esta especie es un depredador tope, y cualquier animal que encuentre es una presa potencial, por lo que en la naturaleza es uno de los encargados de controlar las poblaciones de otros animales.

**Nombre común:**

Caimán - Cocodrilo de la costa

**Nombre científico:**

*Crocodylus acutus*

**Categoría de Conservación Lista Roja de la UICN**

*VU - Vulnerable*

## Característica distintiva

El cocodrilo de la costa, también conocido como cocodrilo americano o caimán, es una de las especies de cocodrilos más grandes. Los machos pueden alcanzar una longitud de 6,1 m y pesar hasta 907 kg. En promedio, los machos maduros miden entre 2,9 y 4,1 m de longitud y pesan hasta unos 400 kg. Las hembras son más pequeñas y rara vez superan los 3,8 m de

## Distribución

De las cuatro especies de cocodrilos que viven en américa, el cocodrilo de la costa es la especie con mayor distribución, desde el sur de Florida (EEUU) y las costas de México hasta el sur de Perú y Venezuela. Este cocodrilo prefiere habitar en aguas con alta salinidad, por lo que se puede ver principalmente en zonas costeras, lagos salobres, manglares, lagunas, cayos y pequeñas islas, pero en ocasiones también puede verse en ríos.

## Amenazas:

El cocodrilo de la costa ha sufrido de una grave disminución del tamaño de sus poblaciones en el pasado debido a la sobreexplotación y la pérdida de hábitat.

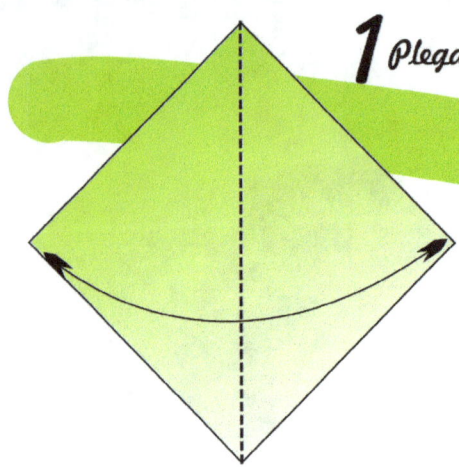

*1 Plegar en valle*

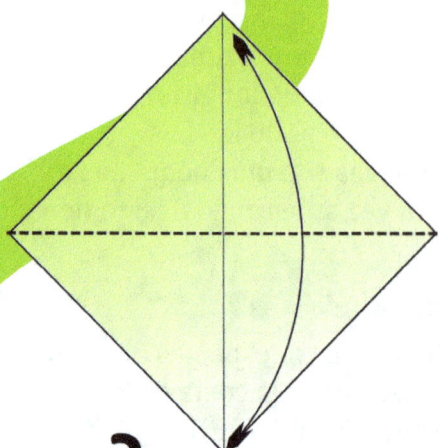

*2 Plegar en valle*

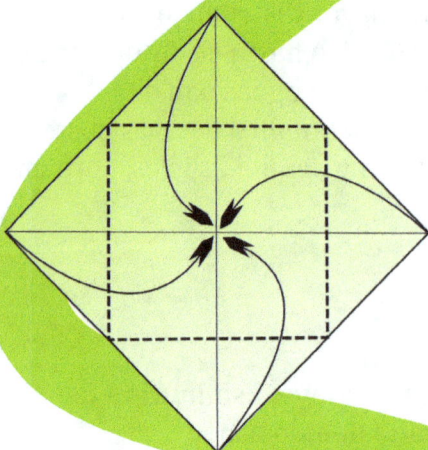

*3 puntas al centro para elaborar una base blintz*

*4*

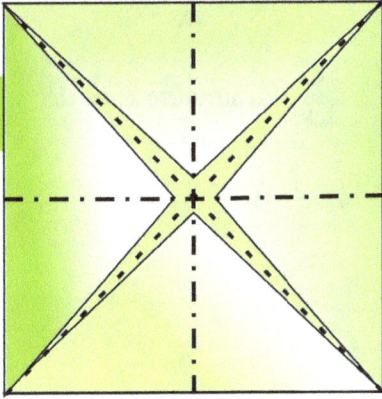

**5** Colapsar para formar una base preliminar

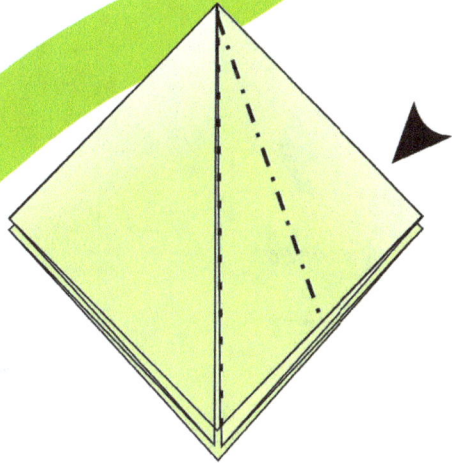

**6** Aplastar

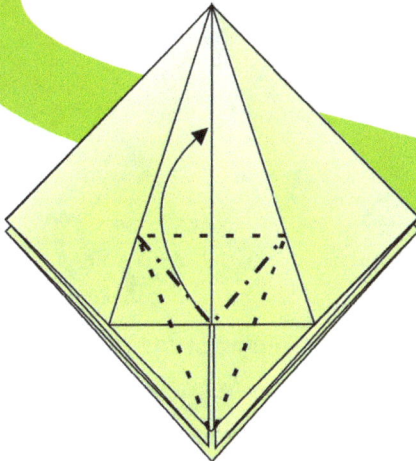

**7** Efectuar pliegue pétalo.

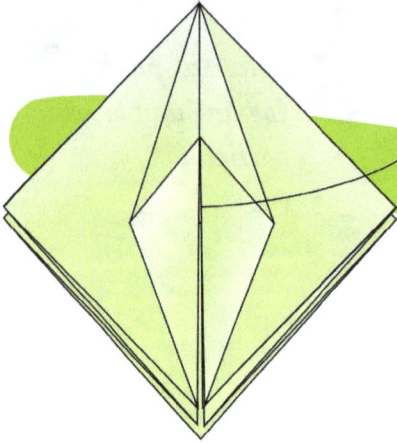

**8** *Desdoblar el papel*

**9**

*Colapsar*

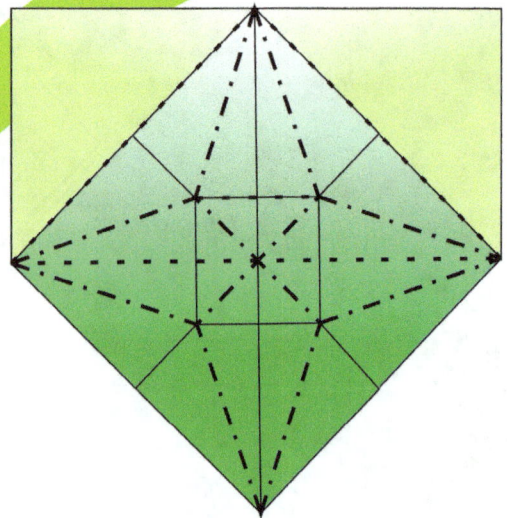

**10**

*Repetir los mismos pasos en las otras capas.*
*3 capas.*

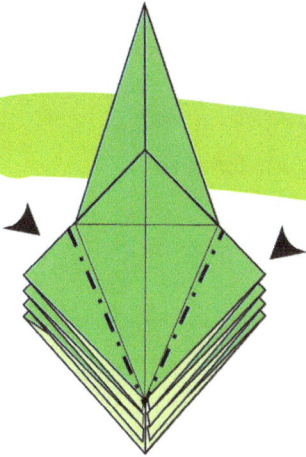

## 10

Ocultar la capa
efectuando un pliegue en montaña
y hacer lo mismo en las otras capas
y se forma la base rana

## 11

desde donde se indica, jalar la
punta hacia abajo.

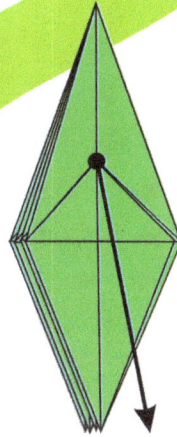

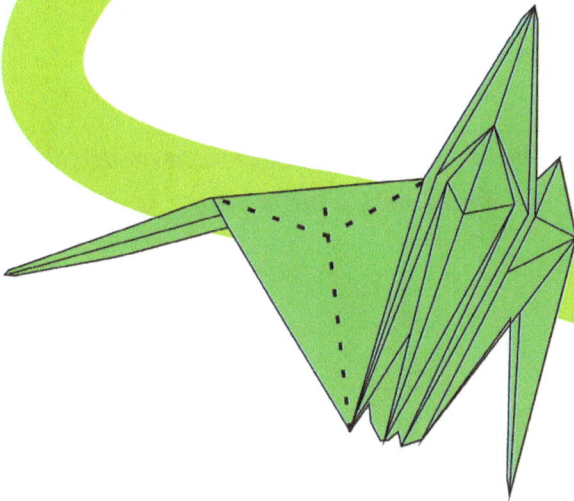

## 12

Luego de abrir,
vovler a cerrar
la figura

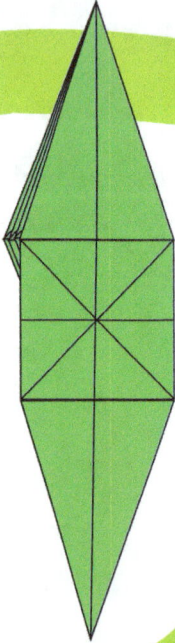

**13** Dar la vuelta a la figura y repetir los mismos pasos.

**14**

Sujetar una de las puntas y abrir por la mitad, de esa forma nos queda la base de la figura y procedemos a formar el caimán

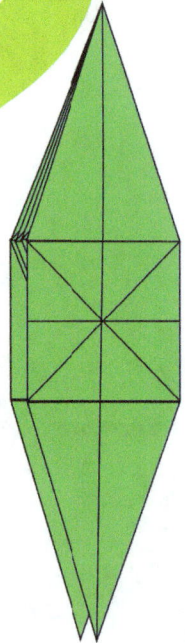

**15** Llegamos a la base y empezamos a darle forma. Primero empezamos a plegar para sacar los ojos.

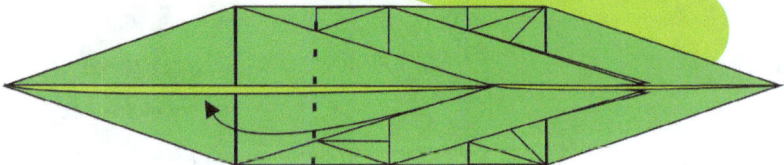

**16** Bajar las puntas para formar los ojos.

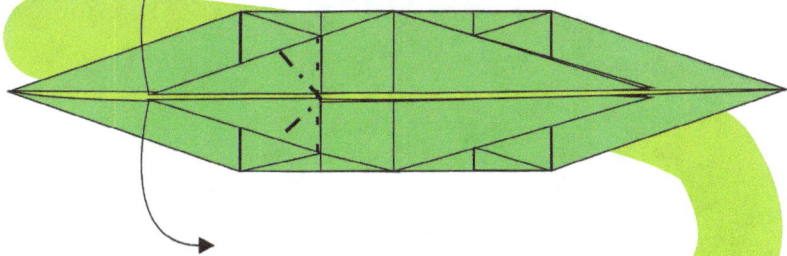

**17** Ocultar las puntas y achicamos la punta para formar el hocico y sacamos las patas.

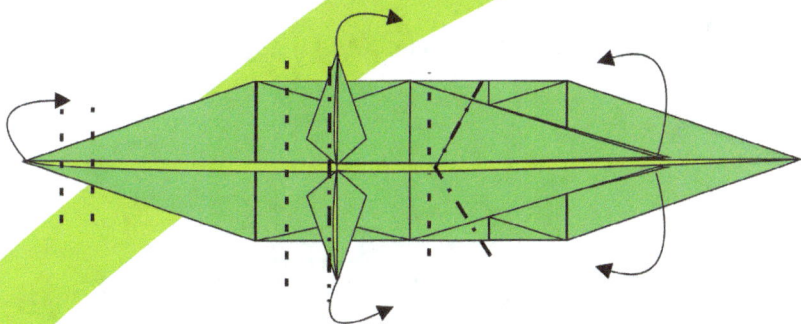

**18** Ocultar el sobrante para ir achicando el hocico y que va tomando forma de caimán.

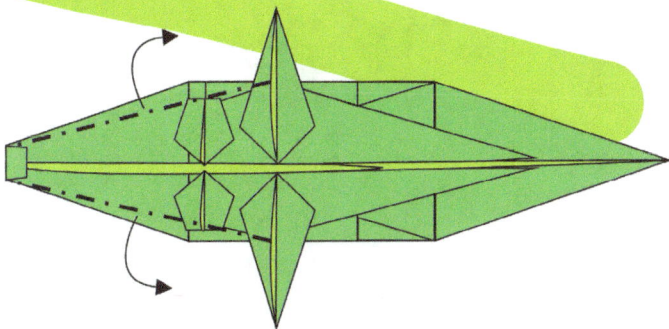

**19** Formar las patas delanteras y efectuamos un pliegue techo de casa para formar las patas traseras.

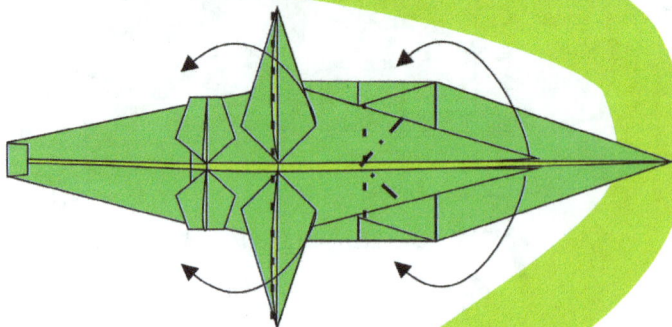

**20** Achicar un poco el cuerpo y formar las patas

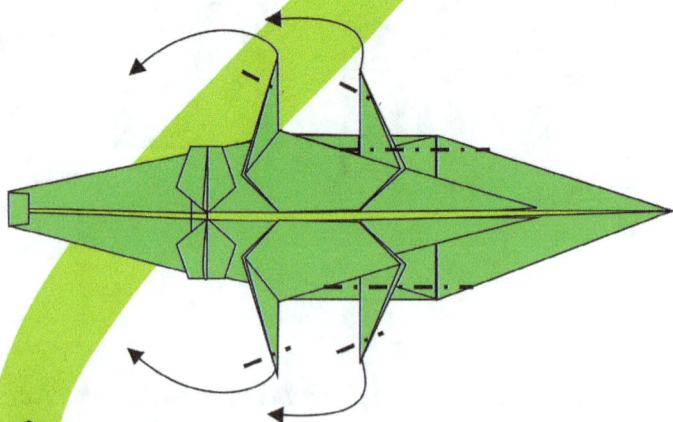

**21** Figura final.

# Crucigrama

## Caimán

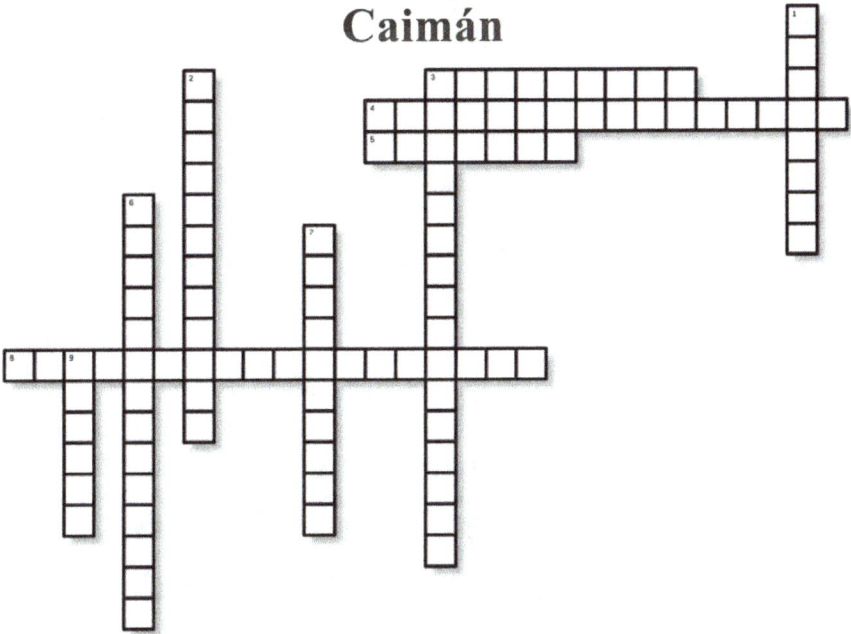

Horizontal

3. El caimán prefiere habitar aguas con alta...

4. Nombre científico

5. Otra de las principales amenazas para esta especie es la pérdida de su...

8. Además de caimán, de que otra forma se le conoce comúnmente.

Vertical

1. En relación a su tamaño, las hembras son más...

2. De las cuatro especies de cocodrilos que viven en américa, el cocodrilo de la costa es la especie con mayor...

3. Una de las principales amenazas del caimán asociada a su captura

6. Se le conoce así debido a que cualquier animal que encuentre es potencialmente su alimento.

7. Categoría de conservación dentro de la Lista Roja

9. Nombre común

Para conocer nuestras fuentes de información y referencias escánea el código QR.

Scan me!

www.ingramcontent.com/pod-product-compliance
Lightning Source LLC
LaVergne TN
LVHW022012080426
835513LV00009B/690